株式会社メソッドカイザー代表取締役社長
中村仁美

私が泣かない理由

シングルマザー経営者の幸せの作り方

幻冬舎

私が泣かない理由

シングルマザー経営者の幸せの作り方

装　丁　赤治絵里（幻冬舎デザイン室）
ＤＴＰ　美創

はじめに

みなさま、はじめまして。

中村仁美と申します。

私は有名人ではありません。

過去に例えば〝元○○〟といった華やかな経歴もなければ、人様に自慢できるような特技もありません。

ごく普通の三十代の女性であり、二人の子を持つ母親であり、家庭を支える職業人です。二十三歳で結婚し、三年ほどで夫とは離婚しましたが、今の時代、それはさほど珍しいことではないでしょう。

私自身も、今日までただ一生懸命に生きてきただけ。

まだ小学生の息子と娘を抱えるシングルマザーですから、自分自身と向き合う余裕もほとんどありませんでしたし、自分の年齢を考えると、立ち止まって振り返るような時期でもないと思っています。

では何故《なぜ》、こうして半生を本に綴《つづ》ることになったのか。

私は、いわゆる女性起業家です。

現在、タリーズコーヒーのフランチャイズ店を経営しています。

元を辿《たど》れば、離婚直後に始めた個人でのジュエリー販売が始まりでした。

当時、私は二十七歳。

まだ幼い子供たちを抱えて路頭に迷うわけにもいかず、苦肉の策として考え出したのが個人事業を立ち上げることだったのです。

それは起業というにはあまりにも頼りないスタートでした。

なにしろ元手がたったの三十万円。はたから見れば、きっと吹けば飛ぶような仕事だったでしょう。

でも、だからこそ真剣でした。失敗することは、イコール、大切な子供たちを不幸にすること。母親として、それだけは絶対に避けなければいけない。その強い想いだけで頑張ったと言っても過言ではありません。

その後、死を覚悟するような大病を患いました。

これもまた、大きなターニングポイント。一度、自分の人生が手のひらからこぼれかけたことで、私は新たな決意をするに至ったのです。

次に手がけたのは、コンパニオン派遣会社でした。

このときもアイデアを駆使して、元手はほとんどかけず、情熱だけで会社を少しずつではありますが大きくしていきました。数年後には地元・長岡と新潟でのクラブ経営にも乗り出し、いつしか私は多くの人から〝ママ〟と呼ばれるように。

そして、現在のタリーズコーヒーの経営を始めるにあたり、共に働いたスタッフに会社を譲渡。

二〇一一年末現在、私の手がけるタリーズコーヒーは五店舗に増えました。

成功の秘訣は何かとよく問われます。

残念ながら、私は適当な答えを持ち合わせていません。なぜなら、具体的な経営理念など考えないままここまで突き進んできたから。

私に言えるのは、とにかく〝心〟を伝えれば、お客さまも〝心〟で応《こた》えてくれるということ。真の〝おもてなし〟を追求することが、働く私たちも、対するお客さまも幸せになれる唯一の道だということ。

これだから女は——男性経営者の中にはこんな風におっしゃる方も少なくないかもしれません。

でも私は、女性ならではの心遣いや、時に理論より感情が先に立ってしまうような〝本音〟の部分こそが、会社経営にも必要不可欠だと思っています。ハードはもちろん大事ですが、何よりソフトが充実していなければ、お客さまには何も伝えることができないのですから。

そうやって女性の立場でものを考え、実際に多くの女性たちと仕事をしてきた私は、現在のタリーズコーヒーの経営においても、女性たち、とりわけ母親である人たちを積極的にスタッフとして受け入れています。

私は、女性の力を信じているのです。

守るべきものがあり、常に家族のことを考えている人は、間違いなくお客さまの立場に立ってものを考えられる人。私がモットーとする〝おもてなしの心〟をお店の中で実践してくれる人。


こうして女性たちとタッグを組み仕事をする私のことを、いったいどこで聞きつけたのでしょう、出版社の方がある日訪ねて来られました。

ただ、本を出しませんかと言われたところで、私はそう簡単に首を縦に振るわけにはいきません。

だって、恥ずかしいではありませんか。

自叙伝を書くには、私は若すぎます。半生を語るなど、三十代半ばの若輩者のすることではありません。

ましてや経営論を語れと言われても、それははなから無理なこと。経営者としてのキャリアが長いわけではないですし、何より先ほども申しましたように私には経営理念や哲学がないのです。

つまり本の出版なんて、恥をかくためにするようなもの。私の子供たちや、スタッフにも恥ずかしい思いをさせるわけにはいきません。

ところが、出版社の方は諦めてはくれませんでした。

結果的には、私はその女性編集者の熱意に折れたのです。

「女性の強さとやさしさ、ひとりの女性としての生き方、母としての大きさを、経営というフィルターを通して語って下さい。それが、よりよい仕事をしたいと願っている多くの女性たち、子育てをしている主婦の人たちの力になるはずです」

そう言われて考えました。

私が自分の半生を綴ることで、また、仕事や子育てに対する考え方を述べることで、誰かのお役に立てるのであれば、それは決して無駄ではないのかもしれない、と。

自分のことを言葉にしていくというのは、言うまでもなくはじめての経験です。おそらく、とてもつたない文章で、読んでくださる方には読みづらくご面倒をおかけすることでしょう。でもなにぶん素人《しろうと》のこと、そこはどうかご容赦くださいませ。

では、一文字、一文字、心を込めて書いていきたいと思います。

何の資格も職業経験もなく、二十代半ばで二人の幼子を抱えて離婚したシングルマザーの私が、いかにして五店舗のタリーズコーヒーを経営するに至ったのかを――

私が泣かない理由　シングルマザー経営者の幸せの作り方●目次

第2章　〝主婦〟から起業家へ

第3章　〝おもてなし〟の心が幸せを作り出す

第4章　弱さが強さに変わるとき

第5章　私が働く理由

第1章

〝おもてなし〟のはじまり

信念があるからこそ闘う

月曜日の朝十時。

オフィスに集まったのは、私が経営するタリーズコーヒーのフランチャイズ店でリーダーとして頑張ってくれているフェロー（従業員）たち。

二ヶ月に一度の五店舗合同ミーティングです。

各店舗の売り上げの報告を受け、翌月の売り上げ目標と、そう設定した理由を聞くのが常。

「ちゃんと商品のロスを計算して翌月の仕入れ内容を決めているのでしょう？それなのに、どうしてこういう数字が出てくるの？」

私の物言いは、時にひどくきついと感じられているかもしれません。けれど、大切なことだからこそ、私は社長として社員にしっかりと伝えたいのです。ひとつひとつの仕事に理由づけをしていくことで、みんなに達成感を味わってほしいから。

事実、同じような問いかけに就業当初は口ごもっていたリーダーも、今ではこんなふう。

「たしかに今月は多く仕入れてしまってロスを出しましたが、来月は店が入っているモールでイベントが予定されていて、ファミリー層のご利用が見込まれるのでこの数字にしました」

こうしてフェローが成長してくれることが、私の何よりの喜び。

さらにこのミーティングでは、仕事をよりスムースに行うためのざっくばらんな話し合いも行います。

例えば、フェロー同士の人間関係について相談を受けることも。

「新しいアルバイトの人がなかなかなじめずにいるんです」

私はこう答えます。

「あなたが積極的にアルバイトの子に話しかけたり、仕事のアドバイスをしたりする姿をみんなに見せていけば、周りも自然にその子と関わるようになると思う。

つまり、アルバイトの子がどう成長するかはすべてあなたにかかってるの」

相談への回答はここで終わり。でも、私はなおも続けます。

「フェローの雰囲気がよくなれば、お店自体がよくなる。お客さんって、働いてる人たちが楽しそうにしているのを見ると、なぜかわからないけど元気になったりすると思うの。私たちにはそういう役割もあるんだよ」

ひとつの店舗が抱えている問題が、ここでみんなの問題になる。いいことも悪いことも全店舗が共有し、高めたり改善したりを続けていくことで、仲間意識が生まれます。それは自然に仲間のために頑張ろうという自助努力にも繋《つな》がっていく。かくしてそれが、企業としての確固たる基盤を作るのだと私は信じているのです。


信念があるからこそ、私は頑固。

こうと決めたら梃子《てこ》でも動かないし、口も達者だし、大方の予想通り気が強くて負けず嫌い。

自分でもわかっています。時々はやりすぎかなと思うこともあるし、言い過ぎたことをちょっと反省するときだってある。

でも経営者として、人間として、正しいと思ったことを貫き通すためには、私は何としてでも闘おうと心に決めているのです。そうしないと、私のもとで働くスタッフに示しがつかないから。だから、とことん相手と向き合う。嫌われることも叩かれることも覚悟の上で挑んでいきたい。

たとえ、その相手が私が経営するフランチャイズ店の本部、つまり親会社という大組織であっても。

「どうしてマニュアルに従っていただけないんでしょうか」

口に出す人も出さない人もいるけれど、本部から来る人たちの顔にはそんな言葉が浮かんでは消えます。

いいえ、私はマニュアルを守ろうとしています。

けれど、うちの店は長岡市の郊外、家族が一日中楽しめる蔦屋書店の中のブック&カフェ。お客さまは老若男女。学生さんのグループに家族連れ、若いカップルもいれば、ご年配のご夫婦だってコーヒーを買ってくれる。渋谷のど真ん中にある店舗とはわけが違います。同じマニュアルに沿って店舗運営をして、果たしてお客さまをどれほどおもてなしできるというのでしょう。考えるまでもありません。

ご機嫌をうかがうなら、本部より、お客さま。

ああ、こんなことを書いたら、また上層部に渋い顔をされるのだろうけれど。

おもてなしの心を伝えたい

二〇一〇年、私は「タリーズコーヒー」のオーナーになりました。蔦屋書店が長岡古正寺店をオープンさせる際に併設した、ブック&カフェの成功という使命を背負った店舗です。

つまりは新潟県で最大規模の文化発信基地の中に、私の店はあります。

私にとっても新規事業で、立ち上げからとても張り切っていました。フェローの面接から何から全部自分で仕切りました。

ただ、私にはコーヒーの味がわかりません。豆の違いがわからないどころか、レギュラーでもインスタントでも同じように美味《おい》しくいただけてしまうという、庶民としては幸せだけれどコーヒーショップの経営者としては残念な舌の持ち主。

とはいえ、経営するのにコーヒーの知識がとりわけ必要かと問われれば、それは決して一番大切なものではないと答えざるを得ません。

それよりも何よりも大切なものがあるからです。

知識なら、直接お客さまと接するフェローたちが、現場で仕事をしながら少しずつ学んでくれるのが理想的。

店のオープンを前に、タリーズコーヒーの本部からトレーニングの担当者がやってきてフェローたちにオペレーション（機器の操作）やコーヒーについての研修を行ったときも、私はそこに参加しませんでした。顔を出して、店の中をウロウロしていただけ。もちろん、ただうろついていただけではなく、店内にある七十席の椅子すべてに腰を下ろしてみたのです。そして、あるひとつの椅子に座った瞬間、眉間《みけん》がピクッと動きました。

「では、中村社長、最後に何かありますか」

そう聞いてきたのは、一通りの研修を終えた本部の担当者。

待ってました。言いたいことだらけです。

「あなたね、コーヒーの知識もオペレーションも大切なことなのはわかるけれど、コーヒーを出す前に何が大事なのかもう一度考えてみたらいかが？」

担当者、きょとん。

私は次に、フェローたちに向かって問いかけました。

「みんな、この椅子に座っていたでしょう？　ガタガタしているのに、何も感じなかったの？」

私は正直、それを感じられない人間ならお店には必要ないと思っています。どんなにオペレーションの能力が高くても、バリスタとしての才能があっても、お客さまの立場に立てない人間はうちにはいらない。

「自分の子供がこんな椅子に座らされたらどう思うの？　イヤでしょう？」

一同の表情が曇りました。

私の店のフェローには、子供を持つ主婦が多いので、子供の立場に立ってものを考えるというやり方はとてもわかりやすい。

それと同じように、お客さまの立場で物事を見なければ、いい店作りなどできるはずがないと思うのです。

言うまでもなく、多少ガタガタしていたって、コーヒーを飲んだり軽食をとったりするぐらいなら、気にしない人も多いはずです。だけど、ガタガタしていないほうが、より落ち着くのは目に見えている。そのちょっとした感覚の違いを、私は大事にしたいのです。フェローたちにはわからないまま仕事をして欲しくはありません。もとより、その感覚を素通りして仕事をすることは、社長である私が許さない。

そのために、店をオープンさせるにあたって、もっとも重視したのが〝人〟でした。お客さまに対して、同僚であるフェローに対して、思いやりをもって行動できる人が私の会社には必要だったから。面接には時間をたっぷりかけました。

「コーヒーが好きなんです」

そう豪語する人もたくさん来たけれど、私にとってはそんなことはどうでもいいこと。求めているのは、人の気持ちがわかるフェローです。

面接時の話し合いと、研修の際の一件で、フェローたちには私の考えが十分に伝わっていたと思います。

でも、常に完璧であることは不可能。

オープンして一週間、誰も座らない席がひとつだけありました。

椅子やテーブルに不具合がないのはわかっていたし、エアコンの吹き出し口の真下でもなく、これといった不都合はないかに見えました。

ところが、自分で座ってみてはっとしたのです。

昼間の時間帯、その席には真夏の直射日光が降り注いでいるではありませんか。

開店前や閉店後に座ってみたところで、わかるはずのない事実でしたが、私を含めて店側の人間が誰ひとり気づかなかったことがひどく悔やまれました。お客さまになんてご迷惑を掛けてしまったのだろう、と。

私はすぐにロールスクリーンを手配して、店の窓に取り付けました。すると翌日からは、その席には入れ替わり立ち替わり、お客さまが座ってくれました。

最初からすべてに気づくわけがないのです。

気づく努力こそが大事で、気づいたらすぐに対処していく行動力が大事。

例えばこんな話もあります。

ある日、本部から新商品のサンドイッチが入ってきました。大掛かりなキャンペーン商品で、売り上げを全国で競うというので、店舗のリーダーは多めに仕入れたそうです。でもそれは、私の口には合わなかった。美味しいと感じませんでした。

そこで私はフェローにこう問いかけます。

「これ、あなたも食べたの?」

「いいえ、食べていません」

「じゃあ、どうして売るの? はっきり言って、このサンドイッチは美味しくない。それを食べもせず、美味しいものとして売るなんて、人としてどうかしてると思わない？」

自分が美味しくないものを、どうして笑顔でお客さまに提供できるでしょう。それは商品ではありません。好きなもの、心からお薦めできるものこそが商品なのです。

笑顔で提供できなければ、お客さまを喜ばせることはできません。ですからうちの店舗では、新商品はすべてフェローがまず試飲試食してから、店頭に出すようにしています。

当たり前のことです。

私はいち経営者として、お客さまに喜んでもらえるものを常に提供したいだけなのです。

私には偉そうに人に語れる経営理論や哲学などないけれど、おもてなしの心を忘れないことにかけては、誰にも負けないと思っています。そして、その心を理解できる人間を育てていくことが、すなわち私の会社経営。

だから、時には規則を曲げることも厭《いと》わない。

フランチャイズとはいえ、地域性を無視してはお客さまに満足してもらえないからです。お客さまの足が遠のき、売り上げが落ちたら、いくらマニュアル通りの経営をしたところで本末転倒になってしまう。

例えばサンドイッチの名前、「ソフトフランスサーモンマスカルポーネ」。デニッシュの名前、「キャラメルアマクロツリー」。

私でさえ一瞬何のことやらわからなくなります。甘いのかしょっぱいのかすらわからない人だって、決して少なくないはず。

そこで改善策を練りました。

さすがの私もメニューの名前を変えるという大胆な策には出ませんでしたが、お客さまがカウンターで注文しやすいよう、メニューの横に番号をつけたのです。それによって「三番のサンドイッチ」、「ケーキの一番」というわかりやすいオーダーシステムができあがりました。

さらに新商品をわかりやすく宣伝するため、店内に置いたのが手書きのポップ。これで長いカタカナの商品も難なく受け入れてもらえるし、なにより注目されるのだから、一石二鳥というもの。

ところが、マニュアルでは〝手書き〟というのがとにかく御法度《ごはっと》。本部から担当者がやって来るたび、当然のように苦言を呈されます。

それを察してか、あるときからフェローたちが本部の人間が来ると聞くや否や、そそくさとポップを片づけるようになりました。

さぁ、今度は私が苦言を呈する番。

「何をやってるの？　お客さまのためにしていることなんだから、堂々と見せてあげたらいいじゃない」

ドリンクを買ったお客さまが、砂糖やミルクをピックアップするカウンターの脇には、こんなボードがあります。

「本日はご来店いただきありがとうございます。一杯一杯、丁寧に作った私たちのコーヒーを、どうぞごゆっくりお楽しみ下さい」

このメッセージを目にして、不快に感じる人などいるでしょうか。

もちろん、フランチャイズである以上、マニュアルを軽んじてはいけません。

タリーズコーヒーという、ブランドとしての統一感を壊すつもりだって毛頭ありません。

でも、怒られても呆《あき》れられても、私はお客さまの立場でものを考えていたい。少なくとも私の店では〝おもてなし〟と〝サービス〟は似て非なるもの。マニュアルに従っていると、時に心からのおもてなしが、無味乾燥なサービスに質を落としてしまうことがあるのです。

世の中の流れなのか、すべてが合理化、簡略化されていく中で、タリーズコーヒーもまた、商品のオーダーを受けて引き渡すまでのプロセスをシンプルにしようとしています。

レシートには番号がついているのです。

「五番でお待ちのお客さま、お待たせしました」

フェローのその声をはじめて聞いたとき、またしても私の眉間がピクッと脈打ちました。

お客さまに難しいネーミングの商品を注文させておいて、一杯四百円もするドリンクを提供するこちら側が、番号でお客さまを呼ぶなんていったい何事!?

まったく、失礼にもほどがあります。

落ち着いた時間を過ごすためのブック&カフェのコーヒーが、速さを売りにするサービスエリアのそばやうどんのようであっては絶対にいけない。

だから私の店では、番号でお客さまを呼ぶことはありません。

このやり方が、フランチャイズ店として褒められたものではないことは重々承知しています。

だけど私は、こうして作り上げた私の店がとても好きなのです。

気遣いは身近な家族への思いから

「ご家庭で気遣いを厳しく教え込まれたんですか?」

私が何かにつけて〝おもてなし〟であったり、〝相手の立場でものを考える〟という発言をするものだから、多くの人がそんな質問を投げかけてきます。

実は、私の育った家庭には気遣いの〝き〟の字もなかった。

きっと、母を反面教師にして、今の私があるのだと思います。

私が生まれたのは、新潟県の旧栃尾市。現在の長岡市栃尾。栃尾と長岡をつなぐトンネルができたのが中学生の頃で、それまでは山をひとつ越えなければ買い物もままならないような環境でした。

平成の世になってもインフラが整わないと言えば、どれほどの田舎かおわかりいただけるでしょう。上下水道の普及はかなり後になってからのことで、水道が家に通ったのが中学生の頃だったし、二十代半ばになるまでは栃尾で水洗トイレにお目にかかったこともほとんどありませんでした。

私の家は、同じ栃尾の中でも奥地の集落にあり、そこで代々続く農家。父が婿入りしていたので、そこは母の実家でした。

今思えば、実家にいるという甘えも多少あったのかもしれないけれど、母は本当に家事を苦手としていた人でした。家庭的というイメージの真逆にいた人かもしれません。

ただ、仕事は好きだったようです。いわゆる内職ではありましたが、手先を動かすことに関してはとても器用で、一生懸命に働いていました。内職をやめてからも縫製の仕事をしていたので、私の記憶の中の母はいつもうつむいて手先を動かしています。

家の仕事を母から直接学ぶことはほとんどなかったので、私は大人がするあらゆることは学校で習うものだと思っていたほどです。料理や裁縫はもちろん、お化粧の仕方まで。

「お母さんはきっと、学校でお料理を習わなかったんだ」

本気でそんな風に思っていました。

逆に言えば、子供にそう思わせてしまうぐらい母は料理が苦手だったのでしょう。

鮮明に覚えているのが、小学生のときに持たされたお弁当。

不格好なおにぎりが二つと、おかず。しかし三種類のおかずが無造作に詰め込まれた弁当箱は、小さな女の子にはあまりにも悲しいものでした。

玉子焼といえば聞こえはいいけれど、それはどう見ても炒《い》り卵にしか見えなかったし、パリッと感ゼロのウインナーソーセージに、家の畑でとれたプチトマト。

周りの友達のお弁当は、色鮮やかで美味しそう。

作ってくれた母には悪いと思いながらも、私はお弁当箱のふたで中身を隠して急いで食べました。誰にも見られないように、ほとんど飲み込むようにして。

「仁美ちゃんのは、どんなお弁当？」

「あ、もう食べちゃった」

「うそー。早いね！」

「おなかすいてたんだ、私」

おなかはいっぱいでも、心がペコペコでした。

「うちは今日、ベーコンが入ってるんだよ」

「へぇ、いいね（っていうか、ベーコンって何!?）」

そう、ベーコンなんて代物《しろもの》は、見たことすらありませんでした。

我が家は四世代家族。曾祖母、祖父母、両親と私、そしてそれぞれ二つ違いの弟と妹。

食事はどうしても和食中心になり、肉や乳製品のたぐいもほとんど食卓にのりません。家で調理されたものは、だいたいが曾祖母か祖母の手によるもので、母はほとんどまともに料理をしていませんでした。時おりやってくるスーパーの移動販売車で総菜を買ってきてくれるのですが、レンジで温めることも皿に移すこともなく食卓に並べます。しかもそれがいつも人数分に足りない。せめて家族全員に行き渡るように数を合わせて切り分けてくれればいいのに、と子供心にも考えていました。

「私が食べたら、みんなのぶんがなくなっちゃう」

私はいつしか、食べるものを自分から我慢するようになりました。しかし、母のみならず、家族にはそんな私の思いに気づいてくれる大人はいません。

うちは米作農家で、文字通り米は売るほどありました。それなのに、残ると後が面倒だからという理由で、母の炊くご飯はいつも少なめ。炊飯ジャーの中はいつもお寒い状態でした。

「私がたくさんよそったら、みんなのぶんが減っちゃう」

育ちざかりのお茶碗に、ご飯はいつも少しだけ。家にたくさんある米ですら、私はおなかいっぱい食べた記憶がないのです。

驚くべきは、それが世がバブル景気の入り口にあった頃の話だということ。まるで戦後のひもじい時代の話のよう。

でも、ひとまず自分のことは後回し。いちばん気になっていたのは、弟と妹のことでした。二人に美味しいものを食べさせたかった。小学校でバカにされるようなお弁当を持たされることが可哀想で仕方がなかったから。

そこで私は一念発起。

小学三年生のときのこと。

「私、お弁当の日は自分で全部やるからね」

それ以来、高校を卒業して家を出るまで、台所の主はほとんど私でした。お弁当は弟と妹のぶんはもちろん、父のぶんまで作りました。いつしか家庭内の食事は、買い物から調理から後片づけまで私が仕切るようになり、そこには誰も口を出さなくなりました。

母にいたっては、夕方になると子供みたいに無邪気に「今日のごはんは何?」と聞いてくるほど。

悪気はない。それはもちろんわかっていました。でも、少しぐらい申し訳なさとか、後ろめたさとかを感じてもらいたかったというのが正直なところ。

なにしろ、我が家は金銭的な面で言えば決して貧しくはなかったのです。むしろ裕福なほうだったかもしれない。それなのに、生活の質がとても貧しかった。

例えば今、私の子供たちがひもじい思いをしていたらと考えるだけで、私は気が気ではいられません。可哀想で、せつなくて、心苦しくて、どんなに重要な仕事があろうともすぐさま飛んで帰るはず。だからこそ、母の私たちきょうだいへの接し方が、いまだに解せない気持ちもあるのです。

私は子供たちのために夕食を作るとき、品数も量も食べきれないほど用意します。残ってしまってもったいなくても、私はたくさん作り続ける。なぜなら、子供たちに私のような思いは決してさせたくないから。まず目で見ただけで、今日もご馳走《ちそう》だなと思ってもらいたい。

小さい頃も弟や妹にそう思わせたかったのです。おやつもごはんもたくさん作って、自分は豊かなんだと感じさせてやりたかった。

食べることは、生きることの基本だから。

食べさせてくれた人が、生きるうえでの大切な存在だから。

「姉ちゃんのごはんが、俺らにはおふくろの味だからね」

弟や妹が今もそう言ってくれているのが、私の不遇な子供時代の慰めになります。

ただし、私にとってのおふくろの味は、母が作ってくれたチャーハン。良くも悪くも忘れられない味。

ある日、いとこがチャーハンを食べたいというので、料理が得意な私は張り切って作りました。母の作るものよりも、美味しく作る自信があったから。

でも、私が差し出した皿を目にした瞬間、いとこが目を丸くしました。

「何、これ？」

「チャーハンだよ」

「これはチャーハンじゃないよ！」

「えぇ!?　チャーハンだよ！」

私の気迫に押されて一口食べたいとこが、やっぱりこう言いました。

「これ、チャーハンじゃないってば」

そう、私が作ったのは母のチャーハンであって、世間でいうそれとは一線を画したものでした。

ぶつ切りの豚肉とご飯を炒め、卵を入れてかき混ぜ、醬油だけで味付けした料理を、世間ではチャーハンと認識してくれないことは、私のその後の人生においては難なく理解できました。

そして念のため言っておきたい。現在の私が作るチャーハンは、世間と同様の紛れもないチャーハンです。

他人のためにこそ、人は強くなれる

食生活だけに限らず、私は子供時代から家族の世話をよくしました。

元来世話好きな性格も手伝ってか、物心ついて以来ずっと〝しっかりした子〟と言われ続けてきました。

子供らしく大人に甘えたこともなかったし、また、我が家の大人たちが甘やかせてもくれなかったけれど、私はそれがつらいとか悲しいとか、ほとんど感じずに生活していたように思います。

ただ、とにかく大変だった。

弟とはたった二歳しか離れていないのに、私はまるで彼の母のように面倒を見続けていました。

というのも、先天性の病気を持って生まれてきた妹が、四歳になるまでずっと新潟市の病院暮らしだったため、両親がそこにかかりっきりだったのです。

祖父母ももともと孫を猫可愛がりするタイプではなかったし、農作業のため朝四時頃から畑や田んぼに出て、日が暮れるまで帰って来ない。秋の収穫期が終われば、今度は家に隣接した作業場でしめ縄作りに勤《いそ》しんでいました。だから私と弟の面倒をいちばん見てくれたのは曾祖母。ひいおばあちゃんはやさしかったと記憶していますが、それでも弟は常に私にくっついていました。

「私は強くなって、この弟と、病気でかわいそうな妹を守るんだ！」

幼い胸にわき上がってきた強い気持ちは、幼いだけに時に揺らぐこともありましたが、それでも私を全面的に頼ってくる弟を突き放すことは一度たりともできませんでした。私は毎晩、母を探して泣く弟をなだめました。

「お母さんも頑張ってるんだから、私たちは泣いちゃだめなんだよ」

そう言い聞かせるのが五歳の私の仕事。

古い家の中はいろんな音がします。夜はひっそりと静まりかえり、窓の外には外灯もなく、すぐ裏手の山からいろんな音が降りてくる。ひゅるる、かさかさ、こつん、ぱさり、ことっ。私だって怖い。ものすごく怖い。でもそんなとき、弟が先にこう言うのです。

「お姉ちゃん、へんな音がしたよ。おばけだよ、怖いよ！」

「何言ってるの。大丈夫、ただの風の音だよ」

恐怖心をこらえて、私はそう言います。弟はそれで安心していつしか寝息をたてるのだけれど、私は怖さのあまりトイレにも行けず、まんじりともせず夜を過ごすのでした。繰り返しますが、このとき私は五歳。

とにかく弟を守りたかった。家族を守りたかった。私がしっかりすることで、みんなを笑顔にしたかったのです。


でも、どんなにみんなのために頑張っても、親に褒めてもらったことはありません。父はとくに厳しい人で、テストで満点を取っても頭ひとつなでてはくれませんでした。私にとってはそれが当たり前だったので、とくに悲しいとも思わなかったけれど、この段階では私の中にホスピタリティの欠片《かけら》は生じていなかったと思います。

私におもてなしや、気遣い、思いやりを教えてくれたのは、同じ栃尾市内にあった父の実家の祖父母や、叔父や、近所の人たちでした。

夏休みや冬休みのたびに遊びに行くと、そこでは私は子供としてあるべき姿に戻れました。初孫というにふさわしく、徹底的にかわいがってもらえたのです。

おばあちゃんが、私のためだけにわざわざ料理を作ってくれること、まだ若かった叔父たちが自転車の後ろに私を乗っけて、おもちゃを買いに連れて行ってくれること、近所の人たちが私を家に呼んでお菓子をくれたり、一緒に遊んでくれたりすること。すべてが私にとっては特別なもので、最大級の〝おもてなし〟に感じられました。

自分の家にいて不幸だと感じていたわけではないので、当時はさほど考えもしませんでしたが、今思えば父の実家はかけがえのない場所だったのかもしれない。とりわけ他人が可愛がってくれるというのは、単純にすごいことです。

「仁美ちゃん、何食べたい？」

そう聞かれるだけでも、たまらなく嬉しかった。

「仁美ちゃんはちゃんと挨拶もできるし、お手伝いもできるし、偉いねぇ」

当たり前のことをして、こんなに褒められるなんて気分がいい。子供ながらに、他人が発するひとことで、気持ちが変わるのだということを学びました。自分がされて嬉しいことを、人にもしたいと思いました。

だから、父の実家から戻ったとき、私はたぶん、弟や妹に対していつもよりずっとやさしくなれていたと思います。

つまりは、父の実家で存分に甘えさせてもらったあと、お姉ちゃんはパワーアップ。弟と妹を守りたいという気持ちがさらに強くなり、いじめっ子の暴挙を阻止することなど朝飯前。

私のおかげで、弟は人生の中で負うはずだった怪我《けが》が少なくなったはずです。

妹が中学に上がるときには、とくに気を遣いました。

彼女には病気の後遺症がありました。それは、一見するだけではわからない程度のものでしたが、妹も周りの子たちもまだ子供だから、きっとからかわれるだろうと思いました。

「もし、病気のことで誰かにばかにされたらどうする？」

「何も言わない。逃げちゃう」

「ばか言わないで。絶対に逃げちゃダメだよ」

「だってお姉ちゃん、私、みんなと違っておかしいでしょ？」

「何がおかしいの、これがあなたなんだから、堂々としていればいいんだよ」

私と妹は四歳違いなので、同じ中学校に在籍することが不可能だったから、直接的に守ってやることはできない。だから、強くなれるように滔々《とうとう》と説きました。

それが私が妹を守るいちばんの方法だったから。

今現在、弟や妹には、姉である私に面倒を見てもらったという記憶がほとんどないようです。

裏を返せば、寂しかったりつらかったりという思いをせずに成長できたということで、つまりは私が役に立ったということでしょう。

「そういえば、お姉ちゃんがごはんを食べてるの見たことないや」

この本の下書きを読んだ妹は、そう言って涙ぐみました。

でも、私はそれでよかったと思います。
守りたかった存在を、ちゃんと守り通すことができたのだから。

第2章

〝主婦〟から起業家へ

人生ではじめて感じた解放感

家を出たのは高校卒業後、十八歳のとき。東京の短大に進学するためでした。

この進学をめぐって、実は我が家では一悶着あったのです。

「仁美、ちょっとここに座れ」

それは父の雷が落ちる前ぶれ。でも、私にはまるで身に覚えがない。

「お前、高校を卒業したらどうするつもりだ」

その当時、私はちょっとした反抗期。はっきりとした夢があっても、親に対して熱く語ることは格好悪いと思っていました。だからわざと軽い調子でこんなふうに言ったのです。

「そうだなぁ、東京の短大に行って、帰ってきたらお料理のお店でもやろうかな」

その瞬間、父は顔を真っ赤にして私を怒鳴りつけました。

「お前みたいなわがままで努力もせず甘えてばっかりの人間が、よくそんなこと言えるな。短大なんて行ってもどうせ無駄だ！」

私は頭に血が上るのを感じました。

「お父さんに何がわかるの！」

パン！　とわざと大きな音をたてて襖《ふすま》を閉め、走って自分の部屋に行きました。私には珍しく、声を上げて泣きました。そして、気持ちを落ち着けて、ゆっくりと考えてみたのです。

「悔しいけど、お父さんの言うことも間違ってないな」

私は幼少時代から家族のために頑張ってきた。それを褒めてももらえなかった。だけど、私は親の庇護のもと学校へ通わせてもらい、習い事をさせてもらい、生活のすべてを支えてもらった。わがままに生きているし、考えてみたらこれといった努力をしていないし、何ひとつ成し遂げたこともない。

よくよく考えてみれば、その年頃の子なんてほとんどみんなそうでしょう。でも、私はなぜかとても反省したのです。

「お父さんは何も見ていないようでいてわかってたんだな」

そして心に誓いました。

「絶対にお父さんを見返してやろう。立派になって帰ってきたとき、お父さん、私に謝ってよね！」

大きな覚悟を胸に、私は短大へ進学したのです。

上京の準備は、全部自分で手配しました。周りの友達を見ていると、部屋探しから契約から引越まで親が付き添ってくれていましたが、私はずっとひとり。短大進学を最後まで反対していた父が来ないならまだしも、賛成してくれていた母も何ひとつ手伝ってはくれませんでした。

「大丈夫か」「不安はないか」「淋しくなったら電話しろ」

同じ学生マンションのあちこちから聞こえてくる親御さんたちの言葉が、私にはちょっぴり切なく響いたのは確かです。でも、そんなことよりも新生活への期待が大きく、私の気分は晴れやかでした。

それに、自分の部屋のドアを開けた瞬間の、あの解放感といったら！

「ああ、人生にこんな自由があったんだ!」

ほんの六畳ほどのワンルームだったけれど、私にはまるでお城のような空間でした。

あの瞬間、自分がこれまでどれほど家と家族にがんじがらめにされていたかということに、生まれてはじめて気がついたように思います。

「私は、解き放たれたんだ」

はっきりとそう感じました。

そうして始まった二年間の学生生活。

私はとても貧乏でした。

弟と妹がまだお金がかかる年頃だったこともあって、実家からの毎月の仕送りはごくわずか。生活費のほとんどをアルバイトでまかなわなければなりませんでした。

電車の定期を買うことすらためらわれ、中野のマンションから渋谷にある学校まで、雨の日も風の日も自転車通学。

自動販売機でお茶を買うこともままならず、百円ショップに行ってはお茶のティーバッグを買い、煮出してペットボトルに入れて持ち歩きました。米だけは実家からたっぷり送られてくるので、空腹を満たすのはもっぱら白いご飯。月末になると、財布に二百円ほどしか残らないなんてこともざら。学校が終わるとせっせとアルバイト。喫茶店、カラオケボックス、居酒屋。時には掛け持ちをしながら、毎日深夜まで働きました。

もちろん父を見返すという使命感があるので、学校にもちゃんと通って勉強をしました。この頃の睡眠時間は、ほんの数時間だったと思います。

それでも、毎日が本当に楽しかった。

とにかく自由だったから。一日の時間のすべてを自分のためだけに使えるなんて、とても贅沢なこと。私にとって宝物のような時間でした。

地元から一緒に上京してきた友人たちの中には、ホームシックに陥って「お母さんのごはんが食べたい」と言っては、週末ごとに長岡に帰る子もいましたが、私にはそんな感情は一切ありませんでした。

「二度と帰るもんか」

本気でそう思っていたほど。

ただ、そんな思いとは裏腹に、アルバイト三昧の生活は心身に大きな負担となっていたようです。

私は円形脱毛症になってしまいました。

それもひとつやふたつじゃなく、大きなものがいくつも。風が吹けば地肌が見えてしまうほどにひどかった。

長岡に帰省したとき、なんとか隠そうとしていたものの、父に見つかってしまいました。そのとき、なんと父が泣いたのです。

私はただただビックリ。あれだけ娘を突き放した父が、何をしても褒めてくれることのなかった父が、こう言って涙を流したのだから。

「おまえ、変わったな」

頑張っていることを認めてもらえたのだと思いました。父に、はじめて褒められた気がしました。

「頑張ってきて本当によかった」

でも、学業や仕事をこれ以上頑張るつもりは実はなかったのです。

この頃、私はパソコンに自分年表を作っていました。将来の青写真を年表形式で記したものです。

そこには、短大を卒業してまもなく結婚すること、三人目の子供の誕生年まで事細かに書き込みました。子育てが終わると、料理研究家になって多くのレシピブックを発表することにもなっていました。

私は夢見ていたのです。自分が生まれ育った家庭とは真逆の、家族が仲良しの温かい家庭を。母親が母親らしく家族の面倒を見て、父親はやさしく威厳があり、かわいい子供たちがすくすくと育つ家庭。

だから、付き合う恋人とは常に結婚を考えたし、生活のほとんどすべてが花嫁修業のつもりでした。

新卒で保険会社に就職したときも、言葉は悪いけれど腰掛けのつもりでした。

それこそ、一生懸命にキャリアを積んでいこうとする女性たちの障害にもなりかねないほど、仕事することに重きを置いていなかったのです。それから一年も経《た》たぬうちにその会社を退職したのは、上司のセクハラに耐えられなくなったからでしたが、そんなことぐらいでは私の人生の目標は揺らぎませんでした。

私はとにかく、温かい家庭を築きたかった。

そしてやがて出会った人と、私は結婚しました。

二十三歳。

世間から見れば、お嫁に行くには少しばかり若かったのだろうけれど、学生時代から「仁美は早く結婚するよね」と友人たちに言われていたので、刷り込みも多少はあったのか、私はそのぐらいの年齢で自分は結婚するだろうと思っていました。だから、迷わず指輪を受け取ったのです。

まさに、理想的な結婚。

でも、それが大きな試練だと気づくまで、そう時間はかかりませんでした。

ママの背中を見せてあげる！

結論から言うと、結婚生活はわずか三年で終止符を打ちました。

新婚当初は、当然のことですがとても幸せでした。夫はもともとやさしい性格で、五歳年上ながら子供のように無邪気なところのある人。頼り頼られる生活は、今まで経験したことがないだけに新鮮で、私はまるで夢の中にいるような気分を味わっていました。

実際、私は恋に恋する少女のように、結婚生活の上澄みだけを食べて生きていたのでしょう。

とにかく尽くすことに情熱を燃やしていたし、夫もまた私のそんな家庭的なところを好きになってくれたのだと思います。

だから毎日頑張っていました。

夫は料理人で、帰宅するのが毎日深夜二時。私はその時間に合わせ、夕食を用意しました。レンジで温め直すなどもってのほかで、夕方から何時間もかけて仕込んだ料理を、出来たてのほかほかの状態で食卓に並べるのが常。

でも、夫は決して「うまい」とも何とも言ってくれませんでした。

私が業を煮やして「おいしい？」と聞いても「まずくはない」と面白くもなさそうに答えるだけ。

料理人のプライドが邪魔をしたのかもしれないけれど、プロならば目の前の料理にどれほど手間と時間がかかっているか一目瞭然に違いないのに、ねぎらいの言葉のひとつもない。

「せめて、ありがとうぐらい言ってくれたらいいのに」

心の中ではそう思っていましたが、口に出すことはありませんでした。そんな文句を言うことは、私が理想とする良妻賢母にはふさわしくないから。

夫の行動や言動が気になっても、見ないふりをしていました。とにかく私は家庭を壊したくなくて、幸せな主婦を演じてでも守り抜こうとしていたのかもしれません。

けれど、見て見ぬふりも、長くは続けられませんでした。見過ごすことが不可能なほど、私たち夫婦の間のほころびがみるみる広がっていったからです。

夫の態度が変わり始めたのは、一人目の子供を出産した直後から。私が子育てに追われたせいかもしれませんが、それは致し方のないことでした。

息子は、生後一ヶ月でアトピー性皮膚炎を発症しました。まだおっぱいしか飲んでいない時期だったので、原因となるアレルゲンが特定できず、ただ薬に頼るしかない毎日でした。

小さな、ほんの小さな赤ちゃんが、目の前でかゆみと闘っているのです。まだ何も理解していないはずなのに、柔らかい爪で皮膚を掻《か》きむしる姿は想像を絶しました。掻かないようにと何度手袋をさせても、生後一ヶ月の子供がそれを器用に外してしまうのですから、どれほどのかゆみだったのでしょう。息子は熟睡できたことなどありませんでした。

まるで全身やけどを負ったかのような肌の色は痛々しく、血が滲んでいることもありました。

私は藁《わら》にもすがる思いで、いいと言われた病院の門を次々と叩いて行きました。

「まぁ、どうしたの、可哀想に」

見知らぬ人の同情は、私の胸を引き裂くばかりでした。

「お母さん、ここまで放っておいちゃだめよ」

そんな言葉は親切心という衣をまとった攻撃に感じました。普段なら何とも思わない世間の風が、とても痛く感じるのです。

次第に出かけることが苦になってきました。息子をベビーカーに乗せることが怖いと感じるようにさえなりました。

実家に帰れば、母までがこう言います。

「どうしてこんなに泣かせるの。親ならちゃんとあやしなさい」

私は追いつめられていきました。きっと泣いたでしょう。泣いたに違いありません。それを記憶していないのは、息子の姿があまりにも不憫《ふびん》だったから。

私には主婦としての仕事もありました。二十四時間、ずっと息子だけを見続けていることは不可能でした。ずっと、身体《からだ》を掻きむしろうとする小さな手を押さえていることも、またできませんでした。

そのときに私がしたのは、息子の手をふとんの端でくるみ、紐で縛ること。

私は、息子を縛ったのです。

真夜中のほんの数時間、仕事から帰ってくる夫の食事を作るその間だけ、そう自分に言い訳して、私の大切な赤ちゃんの手を縛ったのです。

かゆいのに掻けない息子は泣き叫び、その子の手を縛った私もまた声をあげて泣きました。

代われるものなら代わってあげたいのにそれは叶わず、私にできる唯一のことが手を縛り付けることだなんて、あのときは神様を恨みました。なぜ愛する子供にそんなことをさせるのですか、と。

今も、あのときの光景がはっきりと目に浮かびます。

言葉になりません。苦しかった。自分の無力さが許せなかった。

そんな私を見ても、夫は何の関心も示しませんでした。子育てを多少でもサポートしてくれたなら私も少しは救われたでしょうが、やさしい言葉ひとつかけてもらったことがありません。

もとより、子供に興味がなかったのかもしれません。

私は本当に男を見る目がなかったのでしょうね。

しかもこの夫、仕事が長続きしない。確固たる意思のもとに、きちんと辞表を提出して辞めるならばまだわかります。いや、理解はしたくありませんが、百歩譲ってまあ理解できるとしましょう。ところが、彼はいい年をして、無断欠勤を続けた上にフェードアウトするのです。厄介なのは、私にもその事実を告げず、毎朝仕事に出かけるふりをすること。いつもの時間に疲れた顔で帰ってくるので、私もよもやそんなことになっていようとは知る由もありませんでした。会社から連絡があって発覚するというパターンが、結婚していた三年の間になんと四回も繰り返されたのです。

まったく、呆れてものも言えないとはこのこと。

二人目を妊娠したとき、だからとても迷いました。子供に興味がないどころか、家庭をまったく顧みなくなっていた夫との生活に、新しい命をもたらしていいものかどうか、私は悩みました。

でも私は母親だから、何のかのと言いながらも宿った命をどうにかしようなどとは最初から考えていなかったのです。ただ、ストレスのせいかお腹《なか》の中で子供がまったく育ちませんでした。

そのため、数ヶ月の入院生活を余儀なくされました。

入院中は絶対安静。重たいものを持ってはいけないし、大きな動作をするのもダメ。ただ横になっている状態が続きました。

「ちゃんと育ってくれますように」

そう願うばかりの日々。私が悩んでいるせいでこの子が大きくなれないのかと思い込んでは落ち込み、自分を責めました。良妻賢母になるはずが、妻としても母としても不幸になりかけている自分に、気づかないふりをしていることはもはやできませんでした。

妊娠八ヶ月を迎える頃、ようやく退院。

ただ、子供はやはり小さく、予定日を過ぎても何の兆候もなかったため、陣痛促進剤を使っての計画出産へと切り替わりました。

出産する日、夫の運転する車で病院に向かいました。このとき午前十一時。彼が店長をしていた割烹は病院の近所で、仕込みに入るまではまだ二～三時間の余裕があったので、私は当然彼が病室まで付き添ってくれるものだと思っていました。

でも、車が止まったのは駐車場ではなく、病院の正面玄関。

「え、荷物を持って来てくれないの？」

「行かないよ。だって眠いからさ、少し会社の駐車場で寝るわ」

これまで彼にはいろいろ苦労させられてきたけれど、これがいちばんせつない言葉でした。

妻である私は、お腹でこの子を育てるために長く入院し、やっと出産にこぎつけようとしているところ。それも予定日を十日も過ぎ、陣痛促進剤を投与するという、不安極まりない出産。そこに、夫が思いやりのかけらも寄せてくれないというのは、いったいどういうことだろう。

「生まれたら電話してよ」

悲しいのを通り越して、一気に怒りがこみ上げてきました。

「もういいよ、忙しいなら来なくていいから！」

私はそう言い放ち、夫と車を振り返りもせず、大きなボストンバッグを持って病院に入りました。情けなくて、恥ずかしかった。こんな人を夫に選んでしまった自分が許せなかった。

「この子は私だけの子なんだ。あの人のことは諦めよう」

そう思いながら、たったひとりで私は二人目の子を産みました。陣痛は苦しかったし、不安でいっぱいだったけれど、孤独感のほうがきっと強かった。

このとき生まれた娘は今、元気に育っています。

ただ、私は彼女に対して、少しだけ後ろめたい想いがあります。あなたを産むときに、あなたの誕生を心待ちにすることよりも、パパを恨むことのほうで忙しかったかもしれない、ごめんね、と。

それでも、私はなおも結婚生活に努力を続けました。いつか長岡で暮らしたいという夫の言葉を信じ、さすがに何十年ものローンを抱えたら真面目に働いてくれるだろうと踏んで家を建てましたが、言わずもがな、彼は何ひとつ変わりませんでした。子供たちに対する態度も相変わらずで、興味なさそうに時おり見やるだけ。血を分けた子供たちを可愛がってくれないのが、私には一番つらかった。

正直、毎晩泣きました。泣いてもどうしようもないことはわかっていたけれど、子供たちを寝かしつけた寝室の暗がりの中で、私は声を殺して泣いていたのです。

不安でした。

まだ幼い二人の子供を、私は守っていけるのだろうかと。

「でも、まずは別れなきゃいけない。この人と一緒にいちゃいけない」

そう思ったのもまた確かでした。

普通なら、子供にもっとも手がかかる時期の離婚はなるべく避けるところでしょう。でも、私はとにかく早く別れるべきだと思いました。子供たちに物心がついて、彼らの父の姿を見てしまってからではすべてが遅いような気がしたから。

そうだ、あんな父親にはいなくなってもらわなきゃ困る。

「パパの背中なんか見なくていい。ママの背中を見せてあげる！」

そう心に決めた途端、何故だか力がみなぎってきたのを覚えています。

職業経験もなければ何の資格も持っていなかったけれど、私の中には根拠のない自信がむくむくとわき上がってきました。どんなことになろうとも、きっと夫よりは私のほうが親としてマシ。それに、二人の子供たちが私にしか守れない存在なら、それは絶対に守り通せるはず。

私は、私を信じました。徹底的に。絶対的に。

思えば子供の頃から私の中には父性と母性が共存していたように思います。私はおそらく普通の父親よりも強かったし、普通の母親よりも強かった。だから、子供たちと本気で向き合っていけると思ったのです。

息子が二歳、娘が一歳になった頃でした。

肝が据わって、涙もかれて、私は離婚しました。

二十七歳、バツイチ、ノースキルでの再出発

事業届けを出したのは、それから数週間後のこと。

私の手元には、あちこちからかき集めてきた現金三十万円。

私と子供たち、三人の将来がこのたった三十万円にかかっていました。

夫が勝手に仕事を辞め、次の仕事が決まるまで間があったせいで、家計は火の車でした。貯金などありません。慰謝料もあてにできるはずもなく、親子三人どうやって食べていくか、それが私がまず考えなければならないことでした。

息子は二歳で、保育園に預けようと思えば預けられる年でしたが、娘は一歳で、まだおっぱいを恋しがる時期。どうしても二人をそばに置いたまま仕事をしたいと思いました。

言うまでもなく、そんな都合のいい仕事はまったくといっていいほどありません。経験もスキルもない二十七歳のシングルマザーが働ける場所自体が少ないの

に、子供とも一緒にいたいなんて、日本社会においてそれはすでにわがままの域。問題外。

私は考えました。

ここで現状に妥協し、パートに出たとしても、稼げて月に七万円ほど。足りるでしょうか。いいえ、家のローンを抱え、これからお金のかかる二人の子供がいる生活を支えるには、それだけでは不安です。

毎月の養育費は元夫が負担する約束でしたが、それは当てになりませんでした。三年間の結婚生活の間に四度も勝手に転職した彼への信頼は、すでに失墜していました。事実、その後何度も元夫からの振り込みが滞りましたから、子供たちの生活費はやはり私がなんとか工面しなければならなかったのです。

お金がすべてではありません。

でも正直、お金がないことに対して、私はある種の恐怖感さえ覚えるのです。

「ああお金がない、お金がない」

それが私の母の口癖でした。

実際は、一生懸命に内職をして貯金をしていたはずで、そう貧しくはなかったと思います。でも幼い私の記憶では、お金がないことが、自分が我慢を強いられていることの元凶なのだと思っていたのです。

〝お金がない〟という母の言葉と幼少時代の経験から、いつしか私の中には、お金がない＝気持ちが晴れないという方程式が出来上がっていました。

だから、子供を二人抱えてこれからの生活を案じたとき、私はお金が欲しかったのではないのです。

欲しかったのは、余裕です。

心の豊かさを保つには、ある程度の収入が絶対的に必要でした。愛情はもちろん大切。だけれど、愛情だけでは人は決して幸せにはなれないと思うのです。これればっかりは、きれいごとでは許れません。

「今、私にできることは一体何だろう」

悠長に考えている暇など当然ありませんでした。左腕に小さな娘を抱き、右手ではアトピーでまともに眠ることもできない息子の手を握りしめ、私は今すぐにでも働き出さなくてはなりませんでした。

「もう、これしかない！」

思いついたのが、ジュエリーの販売でした。

もちろん、突然思い立ったわけではなく、前々から考えてはいたことでした。生命保険会社を辞めたあと、私は一年ほどジュエリーショップで働いていたのです。さらに、結婚していた間も、苦しい家計を助けるためにパートでジュエリー販売の仕事をしました。いずれも就業経験と呼ぶには心許《こころもと》ないほど短い期間でしたが、性格上、あらゆることに気づいたのです。

「こんな金額のジュエリーを誰が買うの？」

その商売は、ただお客さまに迷惑をかけているだけのように思えました。

「こんなくだらないものをこんな値段で売るなんて私にはできない！」

自分でそう感じるものを、堂々と人様に売りつけるほど、私は図々しくはない。

その頃から、なんとなくではあったけれど、自分でやってみたいという気持ちがありました。

「私のほうが、絶対にお客さまに喜んでもらえるジュエリーを売れるはず」

例によって根拠のない自信が私を衝《つ》き動かしていたのです。

そしてこの切羽詰まった状況。

幼子を抱えて仕事をせねばならなくなった今、私が思いつくのはジュエリー販売、ただそれだけでした。

「よし、やってみよう」

思い立ったが吉日。私は有り金すべて、三十万を持って東京・御徒町《おかちまち》へ。パートをしていたジュエリーショップの取引先で、いい商品を安値で卸してくれる店があったのです。

仕入れたのは、プチネックレスやピアス。数千円ほどで仕入れた商品を、一万円ぐらいで売る計算でした。投資額が少ないので荒稼ぎすることは求めていなかったし、そもそも高価な品物には手を出せませんでしたが、本当にいいものを正しい金額で売れば、きっとお客さまがついてくれると信じていました。

なんにせよ、一か八かの大博打。自分を信じなければ、一歩先に踏み出すことなんてきっとできなかった。

さて、商品は揃いました。あとはこれをどうやって売るか。

手っ取り早いのは飛び込みの訪問販売。でも、もとより閉鎖的な長岡の地で、見ず知らずの若い女が宝石を持って現れたところではなから信用されないのは目に見えていました。

そこで私は、長岡の情報冊子に広告を出したのです。新聞や雑誌に比べれば広告費も安価で、なおかつ市内全域で読まれている冊子でした。

当時はゲルマニウムが流行《はや》り始めていたので、私はゲルマニウムのネックレスを自分でアレンジして作り、その一点に絞って宣伝文を考えました。同時に私の顔写真も載せました。顔を見せたら、少なからず信用してもらえるはずと思ったから。

そして、掲載して二日ほど経った頃から、電話が少しずつ鳴り始めました。

一度お客さまのもとに出向き、話をすれば、絶対に買ってもらえると思っていました。心を込めて伝えれば、ちゃんと商品がわかってもらえる。それに私は何というか、もともとが営業向き。自分で言うのはおかしいけれど、よく人に感心されるほど説得力があるらしいのです。

滑り出しは順調でした。

大きな利益はなかったけれど、生活に足るぐらいはすぐに稼げるようになりました。

貴金属や宝石に関する知識は、ジュエリーショップに就職していたときに図書館で叩き込んであります。自分が知らない商品をお客さまに売りつけることなど到底できなかったから。そもそも、一度お客さまに商品について聞かれ、答えに窮したことがあったのです。

「あなた、売っているもののことを知らないの？」

そう冷たく言われ、私には返す言葉もありませんでした。お客さまの言う通りでした。そのときの悔しさが、私を勉強に駆り立てたのです。

おかげで、独立したときも商品知識が豊富だったので、仕入れでへまをすることもなく、いい商品をお客さまに提供することができました。

それがどんなに小さなダイヤでも、品質に妥協したくなかった。仕入れた品は、目を皿のようにして鑑定をしました。

そうして納得するまで自分で鑑定すると、一つ一つの商品に愛情が湧いてきます。自分で仕入れたネックレスやピアスが大好きになります。だからこそ、お客さまに心からアプローチできるのです。

うわべだけの言葉は、どんなに取り繕ってもお客さまに気づかれてしまう。それはお客さまを傷つけてしまうことでもあります。逆に言えば、熱い気持ち、強い気持ちがあれば、お客さまはちゃんと商品を気に入って買ってくれるのです。それを積み重ねることでしか信頼と実績は築けない。私はそう考えています。

例えば高いものは説得しないと売れません。二百万円や三百万円のものなど、そう簡単に売れようはずもありません。でも、いいものを扱っていれば、おのずと信用が生まれます。いつしか、一万円のものを売っていながら、三十万円のオーダージュエリーを頼まれるようになりました。私の仕事を信頼してくれるお客さまがひとりいれば、紹介に次ぐ紹介でこの商売は成り立っていくのです。少しずつではありましたが、生活基盤ができていきました。

〝起業〟だなんて言えるほどの大きな商売でもなかったし、あくまでひとりで営業販売していただけでしたが、それでも私の自信は確かなものになりつつありました。

雇用されるだけが仕事じゃない。シングルマザーでも職業経験がなくても、自分で仕事を生み出していくことは可能なのだ、と。

しかし、この仕事が軌道に乗った矢先、私は病に倒れたのです。

死がそこまで迫っているかに思えるような、つらい日々が待っていました。

私は何のために生まれてきたんだろう

私の病因を報《しら》せてくれたのは娘でした。

厳密に言うと、娘を出産しなければ私の病気はわからずじまいで、おそらく今頃この世に生きてはいなかったと思います。

病名は「高度異型上皮」。

がん化する一歩手前の腫瘍《しゅよう》が、子宮の中にありました。

出産後の検査で発覚し、治療を続けていたものの、体調が思わしくない状態が続いたために手術を決意しました。

私は子供たちを、家族を守っていかなければならない。身体が資本であることは言うまでもなく、たった一度の手術で不安が取り除かれるなら、少しぐらいのリスクは背負おうと思ったのです。そう難しくはない手術だと聞いていたし、入院期間もさほど長くはならないとのことでした。

「病院には来なくていいからね。絶対よくなるから」

手術の日、私は両親の付き添いを断りました。

付き添ってくれたところで何も変わらないし、子供たちの面倒を頼んでいるだけでも心苦しかったから。

それに、ひとりで闘うことには慣れています。

「悪いところ、全部取りましたからね」

麻酔から覚めて、看護師の口から聞かされたこの言葉に、私は心底ホッとしました。それがつかの間の安堵《あんど》感であるとはまさか思いもせず。

「術後ってこんなに具合が悪いものなんだろうか……」

手術は成功したと何度も聞かされているのに、体調が悪かったのです。手術前よりもずっと気分が悪い。寝ていても起きていても頭痛と吐き気が治まらず、話すことさえままならない状態でした。

それでも原因はわからずじまいで、医者も「様子を見ましょう」の一点張り。こんな状態で家に戻っても何もできないことは目に見えていたのに、私は退院させられてしまいました。

案の定、私は床に伏せたまま、動けませんでした。

可愛い子供たちの保育園の送り迎えもできない。ごはんを作ってあげることもできない。両親に頼るまいと生きてきた私が、自分の子供の面倒を両親に見てもらう羽目になったのです。情けなかった。離婚して、地元に帰ってきて、子供のために頑張って、二人に自分の背中を見せたいと思ったのに、こんなに弱々しい姿しか見せられないとは、母親として無念の一言でした。

でも、どんなに気力を振り絞っても、私は立ち上がれませんでした。寝たきりでいると、体力がなくなり、同時に気力まで奪われていく。そんな状態なのに、何度病院に行っても原因不明のまま、気休めの鎮痛剤を処方されるだけ。

「私、もうだめなのかもしれない」

いつしかそう考えるようになりました。

日に日に具合が悪くなっていく私の姿を目にして、家族も多少なりとも覚悟をしていたようです。なにしろ原因不明なものだから、いつ何が起こるかわからない。後に聞いたところでは、弟と妹は、私にもしものことがあったときに子供たちをどちらが引き取るか、そんな話までしていたといいます。

みんなの気持ちが「死」に引っ張られていました。

「仁美、ずっと子供たちと遊んで暮らせばいいじゃない」

ある日、母が私の枕元でそう言いました。

「仕事なんかいい。お前と子供らの面倒ぐらい見てやる」

父までがそうつぶやきます。

ありがたさと同時に、どうしようもない悔しさと悲しみが身体の奥底から突き上げてきました。

両親には見せなかったけれど、涙が止まらなかった。守るべきものを守れないどころか、逆に守ってもらわなければ生きていけないなんて。

「私は何のために生まれてきたんだろう？」

ところが、そうはっきりと思った次の瞬間、私の中には別の想いがわき上がってきました。なんだか、ものすごく頭に来たのです。

「ああ、死んでしまいたい！」

と、口に出して言ってみました。

「今にも死にそうな私が言うのはおかしいけど、死んでしまいたい！」

すると、どんどん自分に腹が立ってきました。

私が守るはずだった両親に、全面的に頼らざるを得ない状況に陥ってしまい、愛する我が子を抱き上げることさえままならず、当然ながら仕事もできない。そんな自分にできることは、まず生きてこのベッドから立ち上がること。そして、再び家族をこの手で守り抜くこと！

細々とジュエリー販売を続けるだけでは、経済的に心許ない。もっと強く、たくましく生きるためには、新しい仕事が必要だ！

そこまで考えました。

でも、いったい自分に何ができるのか、それよりも何よりも、今にも私の命を奪おうとしている得体の知れないこの病気を克服できるのか、当然ながら不安でした。それは、これまでの人生で経験したことのないほどの手探りの感覚でもありました。でも何故だかわからないけれど、この日を境に私の心境は確実に変化し始めたのです。

病は気からというのは、多くの場合、きっと真実です。

相変わらず具合は悪かったけれど、生きなければいけないという強い気持ちが、ベッドから起き上がる力になりました。

遅ればせながらのセカンドオピニオン。市内の別の病院で診察を受けることにしたのです。

事の次第を説明すると、お医者さまは間髪入れずにこう言いました。

「それは明らかな医療ミスだと思います」

脳裏に浮かんだことすらない言葉でした。医療ミスとは、いったいどういうことなのだろう？

「手術の際の麻酔が原因ではないでしょうか」

ああ。私には思い当たるふしがありました。

異型上皮の摘出手術の際、私に腰椎麻酔をしたのは麻酔科医ではなく、婦人科医。何度も針を刺されたことは記憶していて、術後に確かめたら十カ所ほどの針の痕《あと》がありました。

でも、まさかそのせいで具合が悪くなっていたとは、素人にはわかりようがありません。

「おそらく、髄液が漏れているから頭痛がするんですよ」

「髄液、ですか」

人間の脳というのは、頭蓋の中で髄液という液体に浮かんでいるそうです。その髄液が減ると、頭痛や吐き気といった症状が出るのだとか。

「すぐに大学病院に行って、MRIを撮って髄液の量を調べて下さい」

私はお医者さまに言われるがまま、あらゆる検査を受けました。

結果、不調の原因がやはり髄液の不足であることが判明。

手術から半年後のことでした。

その後、さらに半年ほどかけ、投薬治療などで体調は徐々に回復しました。

体調がよくなってくるのに比例して、ふつふつとわき上がってきたのは、やはり仕事への欲求。療養期間というのを自分への言い訳にして、私は毎日、大した仕事もせずに考え続けていました。何をやったら楽しいだろうか、どんな仕事なら家族を幸せにできるだろうか、自分には何が合うのだろうか。利益を求めるということは投資額を大きくしなければいけない。ジュエリー会社を大きくしていくことはなかなか難しいことに思えたし、銀行から借金をすることもはばかられました。手元にある資金でやれることでなければ、家族を抱えた私にはリスクが大きすぎると感じたからです。でも、とにかく私は自分の中の情熱に再び賭けてみたかった。面白いことを見つけたかった。

そしてある日、ついにその入り口を見つけたのです。

第3章

〝おもてなし〟の心が幸せを作り出す

私なら、もっと喜ばせられるのに

買い物をした帰り、私は子供たちを車に乗せ、長岡の町を走っていました。信号待ちをしていたとき、ふと、ある光景が目に入りました。ミニスカートの赤いスーツを着た女性がバスに乗り込むところ。そして、同じ格好の女性たちがそのあとに次々と続く。見るからにコンパニオンでした。

「温泉旅館で宴会でもあるのかな」

なんとなくそう思いました。

長岡は宴会の多い土地柄です。企業をはじめ、民間でも何かにつけて会を催すことが多く、毎日あちこちで大小の宴会が行われているのです。そして、そこに必ずといっていいほど呼ばれるのが女性コンパニオン。ただし、東京で見聞きしたパーティーコンパニオンとは一線を画します。

東京では容姿端麗な女子大生アルバイトなどが綺麗なドレスを着て、参会者にドリンクをついだり料理をサーブしたりするものですが、長岡のコンパニオンは、どちらかといえばスナックのホステスさんのような客あしらいを求められるのです。だから年齢に幅があり、その容姿もさまざま。

「それにしてもずいぶんダサいスーツね」

考えるともなしに考えているうち、信号が青になったので、私は車を発進させました。今しがた見た光景は、すぐさま記憶の彼方に。

ところが、その日以降、私は気づくとあのコンパニオンのことばかり考えているのでした。家事の合間に、入浴中に、眠れぬ夜に、取り憑《つ》かれでもしたように赤いスーツが脳裏をちらつきました。

「あの服、なんとかならないのかな」

「彼女たちも背筋をちゃんと伸ばさないから、格好良く見えないのよね」

「作法はちゃんと教えてもらっているのかしら?」

「そもそも、お客さんはあのレベルのコンパニオンで我慢しているの?」

実際、彼女たちの仕事ぶりを目にしたわけではないので、すべてが机上の論理に過ぎないことは自分でもわかっていました。知り合いにコンパニオンをやっている女性も、その仕事に関わっている人もいないし、実状を知ることは困難でした。でも、気になって仕方がない。どうしても知りたい。なぜかわからないけれど、コンパニオンを取り巻くすべてを知りたい。知ってどうするかということは、もちろんこの時点では考えていませんでした。

「そうだ、私がやってみればいいいんじゃない！」

またも思い立ちました。

そうなると、もういても立ってもいられないのが私。

私は電話帳を調べて、そこそこの規模と思われたコンパニオン会社に電話をかけました。

「アルバイトしたいと思ってるんですけど、どのぐらい仕事があるんですか？」

かわいい声音《こわね》を作って聞いてみました。

「たくさんありますよ」

その答えを聞いた瞬間、私の頭にはまたしても赤いスーツの女性たちの姿が浮かびました。容姿はともかくとして、昭和の匂いがするようなあの古くさいスタイルのコンパニオンに需要があるなんて。それ自体が問題に思えてきました。

「それで、どんなお洋服を着ればいいんですか？」

「制服があるから大丈夫ですよ」

お金の流れはどうなっているのだろう。どんなシステムで会社を運営しているのだろう。知りたいことは山ほど。ちょっとしたお小遣い稼ぎにもなることだし、やはり現場に出てみようと思いました。

「すぐに働けますか？」

「明日、ちょうどパーティーがありますけど、来られます？」

「もちろん大丈夫です！」

かくして私は、一日だけのアルバイトに向かったのです。

場所は長岡市内のホテル。比較的規模の大きな立食パーティーでした。

派遣されたコンパニオンは私を含めて十人ほど。この日の制服は淡い色合いのスーツでしたが、やはりデザインは少々古くさく、一人ひとり体形が違うのに全員が同サイズを着るものだから、同じ服であるはずなのにちぐはぐな印象がありました。

仕事はそう難しくはありません。

お客さまにお酒をつぎ、料理の皿を手渡し、求められればお話をする。ただ、どのコンパニオンを見ても素人くさいというか、接客の仕方があまりにも緩慢であるように思えました。

つまりは、たたずまいと動作が美しくない。

「お客さまは、本当にこれで喜んでいるのだろうか」

しかしコンパニオンを呼ぶには、けっこうなお金がかかるのです。派遣費用がどのぐらいなのかは、お客さまと話をするなかでだいたい見当がつきました。そこからコンパニオンの二時間分の時給と諸経費を引けば、会社の利益になる。

「これはなかなかいい商売かも」

見た目が綺麗なだけではなく、きちんと会話ができる子を揃え、いい服を着せて、礼儀と作法をちゃんと教育すれば、今あるコンパニオン会社に軒並み勝てるのではないかと思いました。

もちろん、自分でコンパニオン会社を立ち上げようと思ったところで、私にはノウハウがありません。実際的なことは何ひとつわからなかったのです。でも、こんなときこそ頼りになるのが、私の根拠のない自信。

「絶対にやってみる価値はある！」

パーティー会場を出る頃には、私はすでに会社の立ち上げを心に決めていました。

信頼が伝われば、人は自ら努力する

そして、すぐに起業。我ながら早業《はやわざ》でした。

手始めに、アルバイト情報誌に小さな求人広告を出しました。

コンパニオン募集の謳《うた》い文句は、決まって時給が高いことと、華やかであること。きらびやかさを強調するあまり、逆に安っぽく見えてしまう広告ばかりでした。

私が求める人材は、それではきっと集まらない。

私は、想いを込めて文章を書きました。

「私もコンパニオンに偏見を持っているひとりです。でも、私の会社は既存のものとは違います。気品と知性を兼ね備える女性たちが、プロとして仕事ができる場を提供します。もちろん、その仕事に見合った報酬をお約束します」

通常、長岡のコンパニオン会社は市内に事務所を設けています。コンパニオンの仕事の流れは、まずこの事務所に来て、制服に着替え、みんなでバスなどに乗り込んで会場に出かけるというのが王道パターン。帰りは同じルートを逆に辿ります。

思うに、それでは無駄が多すぎる。

コンパニオンとしての稼働時間は二時間なのに、移動や着替えのため、人によっては何時間もロスしてしまいます。

せっかく時給の高い仕事をしても、これでは本末転倒。アルバイトの女性たちの多くは、本業が別にあるのです。学生や主婦、会社員もいます。貴重な時間を移動でつぶしていいわけがありません。だから私は、無駄をすべて省いたのです。

まず、事務所を設けることをしませんでした。必要なときは、私の自宅に集まればいい。派遣の際は、原則として現地集合です。信頼関係さえきちんと築いておけば、アルバイトの子たちは遅刻や無断欠勤など決してしません。

さらに私は、車で派遣先まで来る子のガソリン代を負担し、移動時間も時給換算して給料を支払いました。要するに、仕事のために使う時間すべてを就業時間とみなしたのです。

そうすることによって、彼女たちには自分に価値があると思ってもらいたかった。実際、うちに在籍した子たちはみんなが自分の役割を自覚して、一生懸命に仕事をしてくれました。

そして、私がもっとも心血を注いだのが、女の子をトータルプロデュースして、最高のコンパニオンを育て上げること。

私は意識的に、自分と背格好の似ている女の子を採用しました。

というのも、私自身が好きで集めていた洋服を彼女たちに着せようと思ったから。スーツやドレスを必要な数だけ用意しようとすれば、大きな出費になってしまう。資金のない状態で起業したので、経費削減策は必須でした。

それに、そもそも制服を揃えるつもりなどありませんでした。

例えば、足の太い子にミニスカートをはかせたり、バストの小さな子にセクシーなドレスを着せても、決して美しくは見えません。本人がコンプレックスを持っているのならなおのこと、自信のなさが彼女たちから英気や気品を奪ってしまう。

だから、女の子たちには、似合うものだけを着てもらいました。鎖骨のきれいな子にはデコルテの大きく開いたドレスを、足が長くて綺麗な子にはミニのスーツを。

女性というのは、心を豊かにすれば必ず美しくなれる生き物です。

似合う服を着ていれば、おのずと笑顔がこぼれるもの。可愛いとか綺麗だとか言われて褒められて、それによって自信が溢れ、どんどん輝いていくのです。そうやって女の子たちが変化していく様子を見るのは、経営者としても、ひとりの女性としても、とても楽しいものでした。

ヘアメイクも私が担当しました。実は、けっこう手先が器用で、雑誌などで見たメイクを真似することが得意だったのです。

最初は女の子たちに私の自宅に来てもらってヘアメイクをしていましたが、数ヶ月もしないうちに誰もが自分でできるようになりました。なにしろ、アルバイトに来るたびに、頭のてっぺんから爪の先まで最高の自分になれるのです。メイクの仕方を自分で覚えれば、日頃から美しくいられる。女心とはそういうものです。「いちばん綺麗な私」が嫌いな女の子などいませんから。うちで働いた女の子たちは、きっとプライベートでもずいぶん綺麗になったはずです。

女の子に自信をつけさせる。自信があるから、輝ける。輝いているから、お客さまが褒めてくれる。褒められるから、さらに努力をしていい仕事をしようとする。そしてまた、お客さまに喜んでもらえる。利益はやがて会社に還元され、女の子たちの時給も上がっていく。

素敵なスパイラル。みんながハッピーになることが、最終的には私の会社のコンセプトになりました。

本当にいいものを提供できるという自信

ただし、軌道に乗るまでには相当な時間がかかりました。

まさしく茨《いばら》の道。

閉鎖的な長岡の町の、ある意味では伝統的ともいえる宴会文化の中に、得体の知れない若い女が始めたコンパニオン会社が新規参入するというのは、口で言うよりずっと難しいことでした。

自分を売り込むことは、私はとても得意だと思います。でも、それが武器にもならないくらい、長岡の横の繋がりは強かった。何十年もの時間をかけて絡みに絡んだしがらみを解くことは、正直、無理だと思いました。

「でも、だったらハサミでバッサリ切るまでよ」

と、そんな物騒なことを言葉にして考えたわけではありませんが、あのときの私の心にみなぎっていた闘志を言葉にするなら、おそらくそんなところ。

私はまず、料亭や宴会場、ホテルなど、催しが行われそうなところをしらみつぶしに当たりました。自分の足も使いましたし、電話代も相当に使いました。

「私は一度でいいと申し上げているんです。何回も入らせていただきたいとは言いませんから。一回でいいんです、うちを使ってみて下さい！」

なりふり構わず情熱にまかせた営業トークで、私は頭を下げ続けました。

先方が困るほど食い下がったりはしません。自分が精一杯やったと思えたところで、さっと撤退。しつこく詰め寄ったところで、いい結果は生まれないからです。

といっても、結果らしい結果が出ないまま、数ヶ月が過ぎました。

しかも、最初の依頼は、私の営業先からのものではありませんでした。

電話の相手は、とある割烹の若旦那さん。うちの求人広告をたまたま目にして、興味を持ってくれたとのことでした。

「他と違って、ものすごく印象が強かったんだけど、でも高いんでしょ？」

「ありがとうございます！　確かにうちは他所様《よそ》より少しだけお値段が張るかもしれません。でもそれは、いいサービスをよりよい形で提供できるからなんです。もしご満足いただけませんでしたら、これっきりで本当に構いませんので、是非お願い致します」

「じゃあ、二人、お願いします」

「ありがとうございます」

電話で契約が完了。

コンパニオンの派遣をようやくスタートさせることができて、私は胸をなで下ろしました。一度呼んでもらえたら大丈夫。本当にいいものを提供できるという自信があったのです。

そして最初の仕事の日、私は女の子をひとり引き連れて、お客さまの待つ割烹へと出向きました。

そう、第一号のコンパニオンは私。

私自身が仕事の仕方を直接見せることで、女の子たちが早く学べると考えたからです。また、いい人材だけを集めたかったので、コンパニオンの数がそうそう増えなかったという事情もありました。

最初のお客さまは、その割烹のご主人と、地元で会社を経営している社長さんが二人。

緊張していなかったといえば嘘になります。ただ、お酒をつぎ、お話をしていく中で、私の中は確信で満たされていきました。

「この仕事は絶対、絶対にうまくいく」

そして、私はその後もずっとそうしたように、お客さまの前で熱く我が社について語りました。

「お客さまに喜んでいただきたいんです。だからスタッフを揃えるのに時間がかかります。お値段も高いと思います。でも、よいものだけをお届けしたいという気持ちは、どこにも負けません。もし、次回呼んで下さったときに女の子の人数が足りなくても、少し待って下さい。必ずご満足いただけるサービスをご用意します」

二時間のおもてなし。

短い時間だからこそわかる心遣いが、お客さまにはしっかり伝わったようです。長岡のコンパニオンの業界は口コミがすべてと言われていますが、本当にその通りで、この最初の派遣から日を置かずして、うちの電話は鳴り続けたのです。

半年後、二十人の女の子が在籍しているにもかかわらず、まったく手が回らない状態になりました。

いつしか一ヶ月の依頼が七十本を越え、多いときには何十本もお断りしなければならないほどだったのです。

嬉しい悲鳴を上げる毎日でした。

私は一年ほどリーダーとして女の子たちとともに現場で仕事をしました。言うまでもなく、私は専門教育を受けたわけではないし、いわゆる水商売の経験もありません。すべてが見ようう見まね。ただ、お客さまがどうすれば喜んでくれるのか、それを一生懸命考えて実行すれば、おもてなしの心は必ず伝わると信じていました。

だから、女の子たちにも常にこう言っていたのです。

「完璧じゃなきゃいけないなんて、決して思わないでね。心を込めて一生懸命に仕事をすれば、ちゃんと伝わるんだから」

例えば、大きなサーブスプーンとフォーク。

片手に二本をスマートに持って、器用に料理を皿に移していく人がいる一方、私はあれがまるでダメ。でも、そんなところでは頑張りません。すぐに諦めます。

「だったら、最初からやらなけりゃいいのよね」

不得意なことを無理してやれば、不格好にしか見えないのは当然のこと。だいたいそれは美しくない。気品と知性がセールスポイントであるうちのコンパニオンが、あたふたしている姿をお客さまに見せていいわけがありません。

「両手を使っても、優雅に見えたらそれでいいのよ」

コンパニオンは給仕ではありません。手元の作業に気を取られて、おもてなしがおろそかになっては意味がないのです。

お客さまにもそれが好評で、だからこそ次の展開を求められることになりました。パーティーの二時間では飽き足らないお客さまをお連れするための、新たな店をオープンさせたのです。

子供と離れての単身赴任を決意

まずは新潟に高級クラブを作りました。もちろんホステスはコンパニオンとは別に面接をして採用しましたが、いずれもコンセプトは一緒です。知性と気品を保ち、お客さまをおもてなしする。通常なら、お客さまにたくさん飲んでもらい、女の子たちも一緒にいただいて、どんどんボトルを入れてもらうというのが常なのでしょうが、うちの場合は真逆でした。

「お客さまに無理にボトルを空けさせるようなことはしないで」

それがうちの営業方針です。だって、無理に飲まされる店に誰が行きたいと思うでしょうか。

事実、その信念を貫いたことで、コンパニオンを気に入ってくれたお客さまのみならず、お店自体の常連になってくれるお客さまもたくさんいました。

その後、長岡市内にも一店舗。長岡の土地柄として高級なものは敬遠される傾向があるため、こちらは比較的カジュアルなラウンジ風の店を作りました。

この頃は本当に忙しかった。

会社が大いなる成長期に突入したことは、皮膚感覚で感じられました。私もすっかり「ママ」と呼ばれることに慣れ、ベテランになった女の子に現場を任せられる場面も増えてきました。

ただ、右肩上がりの状態はいつか終わり、次にはその高みを安定させなければならない時期がやってきます。それまでは気を抜くことなどできません。

新潟の店をオープンさせてから約一年、私は子供たちを実家の父に預け、単身赴任することを決意しました。長岡に帰るのは週末だけ。子供たちには淋しい想いをさせたでしょうが、仕方のないことでした。

期限付きの単身赴任です。上の子が小学校に上がるまでに、私がいなくても会社が機能する経営基盤を作ること、それが自分に課した使命でした。

子供たちが母親を必要としたときに百パーセントで応えてあげたい。だから一生懸命に仕事をしたのです。

「一年生になるまでには、ママはちゃんと家にいるようにするから。だからもうちょっとだけがまんしてね」

子供たちは納得してくれたようです。といっても、まだ幼い二人が事情をちゃんと理解していたわけではないでしょうが、母親の真剣さは確かに伝わっていたのだと思います。

はじめて新潟に赴くとき、玄関先で大きな荷物を持った私を見つめて、息子がこう言いました。

「ママ、行ってらっしゃい」

いつもなら、そのあとに「早く帰ってきてね」と続きます。でもこのとき、息子は何も言いませんでした。泣いてはいませんでしたが、小さな心に幼い子なりの決意をしていたのかもしれません。

週に五日間とはいえ、家を離れることに後ろめたさを感じました。そして同時に、この子たちを置いてまで新潟に行くのだから、必ず成功させなくてはという闘志もまたわき上がってきました。

子供たちに背を向けて、家を出るのがとてもつらかったです。

でも、精一杯明るい声で言いました。

「じゃあママ、行ってくるね！」

もちろん、子供たちとの約束はしっかりと守りました。

第4章　弱さが強さに変わるとき

子供のためには一切手を抜かない

何をするにしても、息子と娘、二人の子供が私の原動力です。

結果的に失敗してしまった結婚も、この子たちを授かるためのものだったと考えれば、無駄ではなかったどころか、ありがたい時間だったと言えます。

息子がまだお腹の中にいたとき、9・11の同時多発テロの中継映像を見ながら、私は大きな不安を抱えていました。こんな時代にこの子を産んで、私は守り切れるのか、と。怖くて仕方がなかった。

とにかく不幸にしたくない。守るというのは、箱に入れて大事にすることではありません。子供たちが生涯幸せでいるための根っこを育ててあげることだと私は思っています。だから時には厳しくもするし、叱りもします。

今、子供部屋には私が毛筆で書いたメッセージが貼ってあります。

「子供たちへ。負けないように、心を強く持って欲しい」

異型上皮の手術のあと髄液の減少でひどい苦痛を味わい、死を覚悟したときに書いたものです。二人の子供に親として残すべきは、物質ではなく心だと思ったから。たとえ私が死んでも、誰かが剝《は》がしさえしなければ、ずっとそこにあるだろうと思って、壁に貼りました。今のところ、子供たちは剝がす気がないようです。

思えば、私は子供たちに宛ててたくさんの言葉を残してきました。

筆まめというわけでは決してありませんが、伝えたいと思うことを書き留めておく習慣があるのです。

娘がお腹の中で思うように育たなかったとき、絶対安静のベッドの上で延々とパソコンに入力していたのは、百個近くものメッセージ。ファイル名は「子供たちに伝えたいこと」。

「たくさん失敗すること」

「自分で切り拓《ひら》き、楽しい人生にすること」

「無理と思うものに挑戦できる力を持て」

「なぜ自分は生きているのかを考えなさい」
「生きている意味のない人間なんていない」
「夢を夢のまま終わらせないこと」
「感謝をされることの喜びを知りなさい」

伝えたいのは、私が生きるうえでの信条にしていることばかり。

息子と娘、それぞれの三年日記も書きました。生まれてから三年間、毎日の小さな出来事が記してあります。書きなぐるように書いているから字が汚くて読めたものではないけれど、子供に関する事細かなこと、その日感じたことが正直に綴ってあります。今になってみれば、いい経験だったと思えることでも、問題に直面した日はやはり相当にしんどかったようです。たまに読み返すと、切なくて泣けてくるほど。

「今日はBCG注射の日でしたが、慶一翔《けいと》の湿疹がひどいということで受けられませんでした。ショックです。かゆみもひどくなってきたのかな。寝る前にずいぶんぐずりました。とっても可哀想だけど、今は我慢するしかないね。大きくなって、かゆみを自覚するようになったときのことを思うと、ママはあなたが可哀想で仕方がありません。一緒に頑張ろうね」

「日々愛《ひびな》は、その名の通り、日々ママに愛をくれます。笑顔がとてもかわいくて、見ているだけで幸せになります。ママは慶一翔と日々愛、二人からどれだけ幸せをもらっているかわかりません。だからこそ、二人を必ず幸せにしなければと強く思います。二人とも、ありがとね」

この日記は、現在では息子と娘、それぞれの学習机の引き出しにしまってあります。子供たちはまだ漢字が読めない頃にこの日記を読みたがり、それ以来私に返してはくれません。

いつか子供たちに渡そうと思っていたものだから、それはそれでいい。きっとこれからも読み返すたびに感じてくれるはず、私がどれほど彼らを愛しているか。ある意味では私の印籠《いんろう》のようなものかもしれません。こんなに君たちを大切に思っているのが目に入らぬか、と。

とはいえ、親の心子知らず。

「社長ってラクなんだね」

うちの子供たちは、そう言います。私が何もしていないように見えるらしいのです。

おそらく、私が子供たちと過ごす時間が長いのでそう思うのでしょう。私は毎日、子供たちを学校へ送り出してから仕事を始め、帰ってくるときには家に戻っているようにしているのです。曜日によって時間も違えば、出張などで不可能なこともあるけれど、一日のスケジュールは基本的に子供が中心。

たくさん作る夕食の下拵《したごしら》えは、学校が終わる頃にはある程度済ませておきます。帰ってきたら宿題を見たり、外でバスケットボールやサッカーや駆けっこを一緒にしなければいけませんから。

学校行事も欠かしませんし、誕生会などのパーティーも必ず催します。もちろん料理はすべて私の手作り。手間も時間もかかるけれど、何より安全なものを食べさせたいし、お金では買えない豊かさと愛されているという実感を味わってほしい。

今では、レストランに行っても冷凍品をすぐ見抜いてしまうようなうちの子供たち。

「ママがつくるのが食べたい」

そう言ってくれるのが嬉しくて、私は毎日せっせと料理をします。まず目で味わえる状態にすることが、子供たちに豊かさを覚えさせる教育だとも思うから。

ところが、これが自分ひとりになると、状況は百八十度変わります。

例えば自分ひとりの朝ごはんは、残りものを温めることさえ面倒で、座って食べることも億劫というかじれったい。だから、お恥ずかしい話、キッチンで立ったまま食べることも少なくありません。納豆の薬味のネギも、まな板を使うのが面倒なので空中で削《そ》ぎ切りに。子供たちには決して見せられない姿です。誰かのために尽くす相手がいないと、私はとんでもなくだらしのない人間。誰かのためとなると、どんな手間も惜しまなくなるのに。

また、ひとりだと、自分の中の男性性が前面に出てくるのかもしれません。

もともと、男性性と女性性、父性と母性のような相反する要素が、私の中には共存していたように思いますが、離婚して子供たちの父親の代わりも務めなければならなくなったときから、両者の勢力が拮抗しているように思います。

「ママはね、パパの役割も兼ねてるわけだから、今度からパマって呼びなさいね」

それもあながち冗談ではありません。

実際、私はかなりの頻度で父親役をやっているように思います。

子供たちはきっと、私が叱るのを怖いと思っているはずです。愛情があるからメリハリはつくものの、

「ちょっとここに座ってみない？」

私がそう口にした途端、息子も娘も瞬時に背筋がピーンと伸びるのです。思えば、私は父の叱り方を受け継いだのかもしれません。

「今、ママが何を言いたいかわかる？」

「つい人のせいにしちゃうことを直したほうがいいって言いたいと思う」

「なんだ、わかってるんだ。あなた頭いいね！」

子供は心が柔軟です。何度も言って聞かせているうちに、自分の改善点を自分で理解することができます。私は子供たちに自分の悪いところを自分で言える人間であってほしい。

また、飽きっぽいのも子供の特徴です。

時々、息子や娘が宿題を目の前にしてこう言います。

「ああ、もうやめた」

私はすかさず口を挟みます。

「やめるの？　自分なら……なんだったっけ？」

「……できる」

「じゃあ、できるよね」

これも子供部屋に貼ってある教訓。「自分ならできる、そう思えば何でもできる」。私が身をもって感じたことを、子供たちにも伝えたいのです。失敗できる人間は、いつか必ず勝てるはず。

私は親として、厳しさもやさしさも、持てるすべてを子供たちに与えたいと思っています。

「あなたたちが本当に欲しいものなら、何でも買ってあげるから言いなさい」

甘やかしているように聞こえるでしょうか。確かに、実際に欲しいというものを何でも買い与えるのは、甘やかしに他ならないでしょう。

ただ、私が買ってあげるのは〝本当に〟欲しいもの。

あるとき、息子がスーパーマーケットの入り口にあるガシャポンの機械の前で立ち止まりました。物欲しそうな顔をして私を見上げます。

本人は、百円だから、百円ぐらいなら、百円なんだから……と、無駄遣いしてもいいと思っているのです。

そこで私は言います。

「本当に欲しいんだね？　カプセルに何が入っていても大事にするのね？　車の中に置きっぱなしにしたりしないよね？　もしそうなったらママ許さないよ」

すると息子は考えて、ひとこと。

「やっぱりいらない」

金額の問題ではありません。一円だろうが十万円だろうが、そのお金が生きるかどうかが大事なのです。

仕事もそうです。無駄な人件費は一円もかけたくはありません。無駄に支払うお金があるならば、頑張っているフェローに還元したいから。

お金がないことの怖さを私は知っているつもりです。だからこそ、子供たちには同じ想いをさせたくはない。そのために、お金の価値を正しく見極める能力を身につけて欲しいのです。

私の子供たちへの要求は多く、ハードルも高いかもしれません。でも、大人になったとき、何があってもひとりでしっかりと歩んで行ける人間になって欲しいのです。

親がいなくなったとき、生きることに困らない人間に育てること、それが親としての私の責任だと思っています。

そんな私の気持ちを知ってか知らずか、子供たちは幼いなりに努力をしてくれています。親ばかであることは百も承知だけれど、そんな二人が可愛くて仕方がない。親子とはいえ違う人間だから、喧嘩もすれば、憎たらしく思うことも正直あります。でもそれを全部含めて、やっぱりうちの子がいちばん！

私の親ばかぶりは、とりわけ運動会のようなスポーツイベントで発揮されます。学校で持久走があったときのこと。

スタートラインの向こうで待機している子供たちに向かって、私は息子の名を叫びました。

「慶一翔〜がんばれー!!」

実は息子の姿など確認していません。何十人もが同じ運動着を着て同じ帽子をかぶっているのだから、見分けがつくはずがない。それでも私はついつい声が嗄《か》れるほどに叫んでしまうのです。

いざ走り出せば、私はさらにヒートアップ。

ほかのお母さんたちが、控えめに頑張れ頑張れと応援している中、私だけ怒声を浴びせるかのように、

「おーい、何やってるー、走れーッ!!」

周りにいた人たちが、走る子供たちではなく私のほうを見てしまったほどの大きな声。息子はそんな私に気づくや否や、急にスピードを上げて走り始めました。結果、最後の十メートルの記録を更新。人がどう思っているにせよ、私の声はカンフル剤としては効き目があったようです。

でも、私はいつもそう。

運動会のビデオを見返すと、毎年私の声しか聞こえません。

なんというか、こと子供のこととなると、抑えが利かない。でも、母親ってみんなそんなもののような気がします。

子供のためなら何でもできる。つまり母は強し。これは紛れもない真実だと思います。

“主婦”は強力な戦力

私が子供を持つ人を積極的にタリーズコーヒーのフェローとして採用するのは、母親の強さを信じているからです。

守るものがあると、人は力を発揮するもの。

家事全般をこなし、家族のために毎日頑張る主婦が、時間に限りのある中でそれでも働きたいと願う。そこに私は光るものを見るのです。うちの店で積んだ職業経験が家庭に還元され、いきいきしているお母さんから子供たちがいい影響を受けることができれば、それは大きな意味のあること。

私が経営するタリーズコーヒーでは、フェローが子供のために過ごすべき時間を確保できるよう、全面的にバックアップしています。

子供というのは基本的に手がかかるものです。小学生であれば学校行事が多く、思春期に差し掛かれば親がケアしてあげなければならない問題も次々に出てくる。

おまけに、子供はしょっちゅう熱を出す生き物。我が子が母親を求めているときに、無理やり店に出てきてもらったところで、そのフェローは果たしていい仕事ができるでしょうか。

答えは、明らかにノーです。

だからお母さんフェローには、必要に応じて休んでもらう。そこでは急なシフト変更を余儀なくされるわけですが、それはフェローみんなにとって〝お互いさま〟であることで、誰も文句など言いません。必要なときに休めるからこそ、出勤したときに頑張りが利くのです。それこそがフェローが成長する鍵だとも思っています。

今では、私がいちいち口を出すことはありません。各店舗でフェロー同士が助け合える体制を自発的に作っているから。

とにかく多くの女性たちにとって、居心地のいい会社でありたいと私は考えています。うちでは、結婚して出産してからも働ける環境を提供することで、フェローが安心して女性としての幸せを追求できる。もちろん、子供を抱えて仕事をすることは時に厳しいけれど、その中から自分自身の向上のきっかけをつかんでもらいたいと思うのです。

女性は私の会社の即戦力。守るべきものがあるということは、強くなれるということ。私も同じ女性であり母親だから、彼女たちがどれほどのパワーを秘めているのかは難なくわかるのです。

日本社会は、主婦という存在をもっともっと評価すべきです。

主婦はある意味、政治家です。いつもみんなのことを考えている人が、国の役に立たないわけがないでしょう。また、主婦は家庭の経営者でもあります。子供を産み育て、夫を支えることを何十年も続ける。それができる人が、会社経営ができないわけもありません。だから、私が経営するタリーズコーヒー五店舗の各リーダーは、ほとんどが主婦です。

ちなみに、私は男尊女卑ならぬ女尊男卑をしているわけではありません。

事実、アルバイトの面接は男女の隔たりなく公平に行います。ただ、結果として女性が多くなっているというだけのこと。

例えばとある大学生の男の子が面接にやって来ました。彼は今どきの子ですから、情報はたくさん得ていて、ホスピタリティという言葉も会話の中で巧みに使います。私が話す〝おもてなし〟という言葉にも共感してくれているように見えるのです。でも、うわべだけの言葉はすぐに剝がれてしまう。

「ところで、あなたはお父さんやお母さんにお茶をいれてあげたことはある？」

多くの男の子はそこで口をつぐむのです。何故そんなことを聞かれているのか、彼らにはさっぱりわからない。ホスピタリティの何たるかを本当のところはわかっていないから。

それが女性だと、生活の中でちょっとしたことを誰かのために毎日やっている。私の会社が求めているのは、まさにその能力なのです。だから、必然的に女性フェローが増えてしまう。決して差別しているわけではありません。

ただ、正直に言えば、子供を持つ女性には少し甘くなってしまうでしょうか。

彼女たちは、面接に来るときもほとんど最初から諦めた状態でやって来ます。

あちこちでアルバイトを断られているからです。必死なのに、でも諦めている、そんなことってあるでしょうか。

「本当に頑張りたいんです！」

その訴えが、私には「守らなきゃいけないんです」と聞こえます。その時点で、私の心は「じゃあ守りなさい」と言っています。

面接では、こんなやりとりも日常茶飯事です。

「子供さんは何歳？」

「二歳と五歳です」

「旦那さんは？」

「いません」

「それは大変だね。二人とも保育園？」

「はい」

「じゃあ毎日お迎えに行かなきゃだめなのね」

「はい、そうです」

「土日も休みたいでしょ」

「ええ、できれば」

「熱出したりするだろうしね、時々急に休んだりするよね」

「でも、なるべくそうならないようにします」

「わかりました。結果は後日ご連絡しますね」

私の面接はせいぜい二〜三分です。誰に対してもそうなのですが、当の本人は知らないわけで、ゆえに「ああ、どうせまた落ちたんだろうな」と思いながら失意のまま数日を過ごすのです、採用の電話が掛かってくるとは思いもせずに。

そのため、各店のリーダーから聞かされるところによると、新規にアルバイトで入った子供のいる女性たちの多くが「どうして採用されたのかわからない」ということを異口同音に言うそうです。

そんなとき、私はリーダーに伝言を頼みます。

「そうやって子育てで大変な中、あなたはそれでも仕事をしようとしている。その熱意と強さに私は賭けたの。そう彼女に伝えてちょうだいね」

いろんなものを抱えているからこそ、人は強い。そして、その人の笑顔は、絶対に素敵なのです。苦しみや悲しみ、つらさをたくさん抱えて、それでも顔にうかぶ笑みが、美しくないはずはありません。その笑顔を、お客さまに見ていただきたいと思うのです。

私の仕事は、その笑顔を曇らせない職場を作り、提供すること。

思うに、会社経営と子育てはとてもよく似ているものなのです。

タリーズコーヒーを運営しはじめてわずか一年半。私は人様に偉そうに語れるほどの経営のノウハウなんて持ち合わせていません。ただ、目の前にあることを一生懸命にこなしていくだけ。本当に、ただそれだけ。

そんな中で気づいたのが、私が普段子供に言い聞かせているのと同じ言葉を、フェローに投げかけていることでした。

「何で悲しいのか考えてごらん。お友達にいやなことを言われたからでしょう?」

「だったらあなたも、お友達に同じことを言っちゃいけないよね」

子供はそうやって、人から教えられて育つ。人から教えられているのだということを、親に諭されて気づく。それが教育だと私は思うのです。

店の中でも同じことが起こっています。

「お客さまがどう感じるか、何をしたら喜んでくれるかをまず考えなさい」

「あなたが感動することを、お客さまにしてさしあげればいい」

人を想う気持ち、思いやり、気遣い。人として大切にすべき基本に忠実でいることは、家庭であろうと会社であろうと一番に優先するべきことなのだと思います。

心を教育していけば、技術はあとからついていく。社員教育に方針があるとすれば、それは心を教育すること。やさしさと柔軟性、細やかな気配りができる人間をつくること。もちろん私がフェローを信頼することが大前提です。そのうえで話をすれば、みんな心を開いて、吸収してくれます。

私は家では家長であり、会社では社長です。でも、子供たち、フェローたち、そしてお客さまから教えられることは数えきれないほど。立場によらず、常に学ぶ姿勢を持つこともまた大切だと思います。

私は子供の頃から家族の面倒を見てきました。とりわけ弟、そして妹。彼らに物事を教え、その中で私もまた学びました。自分以外の人間を想うこと、守ること、それによってもたらされる力は、点数やお金に換算できるものでは決してありません。あの子供時代がなければ、私は今頃、技術だけを追い求める合理主義的な社長になっていたかもしれない。

自分で出した答えだからこそ信じぬく

お金に興味がないとは言いません。当たり前です。会社を経営し、多くのスタッフを抱えているのですから、私にはお金を動かす使命も責任もあります。そのために必要な技術は叩き込んででも身につけるべきでしょう。

ただ、私の場合、衝動的というか、一度アイデアにとらわれるといても立ってもいられなくなるというところから、すべてが始まっている気がするのです。少なくとも「こうすれば儲かるかもしれない」という計算が先に立ったことはありません。

考えてみれば、仕事は生活の糧《かて》であるのと同時に、私の衝動や欲求を満たしてくれる最大のアミューズメントなのかもしれません。

だって、楽しくて仕方がないですから。

性格的にも今いる場所がいちばん向いているような気がします。

子供の頃から、私は人前に出るのが好きでした。活発であったと思います。

父が演歌を好む人で、幼少時から私は人前で歌を歌っていました。父が撮った昔の八ミリテープには、カラオケ大会で歌う私の映像がたくさん残されています。

地域の子供会や老人会、寄り合いがあるところには必ずといっていいほど駆り出され、ステージに上がってはおひねりをもらっていました。滅多に私を褒めてくれない父でしたが、そのときばかりは顔がほころぶほど。そうやって父を喜ばせたい気持ちが先行していたことは間違いないですが、私はとにかく人前で何かをすることが好きだったのです。

学校でも目立つ子だったと思います。授業中には率先して手を挙げ、発言をし、ネタが尽きてくると創作してまで面白おかしく語るのが常でした。どんなに周りとぶつかっても、自分の意見を貫く頑固さがあったので、相当に気の強い子と思われていたに違いありません。

気の強さは私も自負するところです。

自慢にはならないことだけれど、私以上の負けず嫌いに生まれてこのかた出会ったことがありません。

私は小学校に入学してから中学を卒業するまで、母の勧めで始めた多くの習い事を休まず続けました。

母は農家の長女として生まれ、学のないまま大人になってしまった自分にコンプレックスがあり、子供たちには十分な教育を受けさせてやりたいと考えていたようです。母は、思えばとても教育熱心な人でした。

私が通った教室は、日本舞踊、ピアノ、書道、そろばん、そして学習塾。

だいたいの子供たちは、自我が芽生えて友達との時間のほうが大事に思えてくると、習い事は挫折してしまうものです。私の弟と妹もそうでした。

私も、当然ながら楽しいと感じる時期は早い段階で終わってしまいました。正直、楽しくなんかなかった。でも、やめたくもなかったのです。せっかく始めたことなのに、途中で投げ出せばそれは自分の負けになる。それに、習い事をしている子たちの中で、常に一番でありたかった。勝っていたかった。

強がりなわけではありません。自分の弱い部分を押さえつけてでも、強さが取って代わるようなところがあるのは確かですが、我慢している感覚は一切ない。強い自分を実感しているときが、いちばん心地がいいのです。

人は時に、弱さが見えない私と対峙《たいじ》するとき、戸惑いを隠せなくなるようです。男性にも甘えたことがありません。子供の頃から甘えるということをしてこなかったせいで、それがいったいどういうことなのかわからないのです。

ただ、かつて甘えなかったことが、今になって家族を心配させているようです。これはさすがに誤算でした。

「どうしてそのときにちゃんと話してくれなかったの！」

昔のことを話すと、とくに弟と妹は決まってそう言います。私は、彼らに自分のことをほとんど話しては来なかったのです。

親にも何も話さないのだから、弟と妹に話すはずがありません。

「今だって、本当はつらいのに何も言わないだけなんじゃないの？　お姉ちゃん、いい加減にしなよ」

そこに関しては、私は今、きょうだいたちに信用されていないようです。

少なくとも以前は、私はとにかく誰にも心配をかけたくなかった。

だから、話すとしても事後報告、それも何年も経ってから大まかに伝えておくということでこれまでは済ませてきたのです。


泣かずに生きてきたわけではありません。

思い起こせば、子供ゆえにつらいことは山ほどありました。

ピアノ。

負けず嫌いの私が、唯一勝負を投げ出した習い事です。まったく上達しなかったのです。

それには理由がありました。

私が習っていた講師は、保育園の先生でした。今でも忘れません、金曜日の夜7時。レッスンは私にとって恐怖以外の何ものでもありませんでした。

なぜなら、私が一音でもミスタッチをすると、先生が突然両手で鍵盤をバーンと叩くのです。その大きな不協和音の恐ろしさといったらなかった。いつしか間違えることが怖くなり、そうなるとどんどん萎縮してしまって、私のピアノはまったく上達しなくなりました。

教室に通うのも本当はいやでしたが、当然ながら私は両親にそんなことは決して言わず、金曜日の夜七時に、先生の教室の扉に鍵がかかっていることを祈るばかりでした。時々、扉を開ける時間が遅くなることを私は知っていたのです。

「行ったけど、先生のところに鍵がかかっていた」

母にそう告げて、ピアノのレッスンを休むことが何より嬉しかったのを覚えています。

先生にしてみれば、どんなに厳しくしても音をあげず、しっかりしていた私が憎らしかったのかもしれません。妹に言わせれば「すごくやさしい先生だった」ということですから、私に対してだけひときわ厳しく指導したのでしょう。

忘れもしない、あれは運動会の行進の練習をしているときのことでした。みんなと一緒に行進していると、先生のこぶしが私の頭に突然打ち下ろされました。何も悪いことをしていない園児を、大人が急に殴ったのです。するど、当時グラグラしていた何本かの乳歯のうち、二本が口の中に落ちたのです。痛かったし、悲しかったし、怖かった。でも、私が何よりも強く感じたのは恥ずかしさでした。時が時なられっきとした児童虐待でしょうが、私は恥ずかしさのあまり誰にも言えず、長い間自分の胸にしまっていました。

あのときのことを思い出すと、私は今でも脈が速くなります。そんなことを小さな胸に隠していたのだと思うと、母となった今では我がことながら不憫で仕方がありません。ずいぶん後になってこのことを知った父は、怒りに打ち震えているように見えました。

「お父さんが今からあいつを殴りに行ってやる」

でも、時すでに遅し。何十年も前のことです。

子供の頃のことを話せるようになったのは、思えば私自身が母親になってからのことでした。自らが親になったことで、私は子供時代の自分と精神的に決別できたのかもしれません。

当時は、人に涙を見せないことで、心の強さを養っていたのかもしれません。なにしろ、私には守るべきものがありました。私がいなければ成り立たないと、少なくともそう思っていた家族がいました。

多くの人は、そんな私を可哀想と言うかもしれませんね。

でも、当の本人は昔も今も一向に困っていません。なにしろ、甘えたからって問題が解決するわけではないのです。苦しみを吐露したところで、原因は取り除かれません。

自分の問題は自分で解決するしかない。そのために強くあらねばならない。もちろん、たくさんのサポートの中で生きているので、アドバイスをもらうことや、答えを教えてもらうこともあります。ただ、私はそれを鵜呑《うの》みにはしないのです。自分の感覚、勘が認めてこそ、やっと本当の解答に出会えると思っています。

つまり、私が信じるのは、私が判断して出した答えのみ。仮にそれが間違っていたとしてもいいのです。そのときは、自分ですべての責任を負えばいいのだから。だいたい、己を信じられない人間が社長になったところで、誰が付いて来てくれるというのでしょう。

もちろん、私も人間ですから、泣くことはあります。完璧ではありませんから、自力ではどうしてもクリアできない問題に出くわすこともあります。

そんなときは、車を走らせるのです。

車の中で泣いたり、大声を出したりすると、不思議と気分が晴れやかになるのですね。家に帰りつく頃には、完全にスイッチは切り替わっています。

セルフコントロールは万全です。

子供の頃、親に心配をかけたくなくて、泣き顔を見せまいと帰り道に必死で涙をふいたことがあります。あの頃から、私はきっと変わっていない。

だから、子供たちにも、フェローたちにもまっすぐ向き合って私はこう言えるのです。

「私は強いから、あなたたちを守り抜くから、安心しなさい」と。

第5章 私が働く理由

「できる?」の一言からオーナーへ

蔦屋書店には新潟市にある南万代フォーラム店をはじめ、コーヒーショップを併設している店舗がありました。そしてこの蔦屋書店を経営する株式会社トップカルチャーの清水社長のブック&カフェ構想も新聞や雑誌の記事で知っていました。

このトップカルチャーが当時一番大きな蔦屋書店を長岡に出店し、店内に併設するコーヒーショップのオーナーを募集していたのです。応募した私への清水社長からの問いかけは非常にシンプルでした。

「できる?」

「できますよ。当たり前じゃないですか」

タリーズコーヒーの経営はそのやりとりから始まったのです。

欧米の大型書店のように、ゆっくりコーヒーを飲みながら本を選べる店。落ち着いた空間にたくさんの人の流れができ、精算前の本を持ち込むこともできれば、片隅に設置したタブレット型端末であらゆる情報の検索もできる。私の脳裏に浮かんだのは、映画のワンシーンのような光景でした。そのコーヒーショップを自ら手がけるのは、とてもやりがいのある仕事だと思えました。日本にはまだ浸透していないシステムで、何より蔦屋書店さんとのコラボレーションによって大いなる相乗効果がもたらされるだろうという将来性が、私の心をくすぐりました。お客さまの視点に立って店作りができるなんて願ってもないことです。

しかも、何度かタリーズコーヒーの他店舗を訪れているうち、私は例によって多くのことに気づいたのです。

「ここはもうちょっと改善できるんじゃないの?」

「こんなことやっててお客さまは喜ぶのかな?」

こうなるともう、私の思考は止まりません。粗探しをしたいわけではないのですが、どうしても隠されたほころびが目についてしまうのです。洞察力というより、ある意味では小姑根性のようなものなのかもしれません。
もっと言えば、改善欲といったところでしょうか。

余談ですが、息子が将来連れてくるだろうお嫁さんは、きっと私を怖がるでしょうね。その頃にはもっと余裕を持って、現場から離れ悠々と仕事をしていたいものです。

そのためにはやはり、今こそが頑張り時。
私は、数年で大きくしたコンパニオン会社を、新潟と長岡の二店舗のクラブを含め、経営権のすべてを共に働いたスタッフに譲渡しました。私自身は、今はまったくその会社とは関わりはありません。起業した責任として、最後まで面倒を見るというのもひとつの選択肢ではありましたが、私の心は新規事業に向いていました。このままコンパニオン会社との二足のわらじを履き続ければ、タリーズコーヒーを大きくできないと思ったのです。私はただのフランチャイズ・オーナーであり続けるつもりはありませんから。

店舗数をどんどん増やしていきたい。今はそう考えています。

一人ひとりが考える会社

私は事業家としてはまだ駆け出しです。わかったようなことは言うつもりはありませんが、ただ、経営の面白さは、次々に出てくる問題を打開しながら会社全体を底上げしていくプロセスにあると考えています。

一店舗目として手がけた長岡古正寺店は、新潟県内最大規模の蔦屋書店に併設されているということもあって、話題性も高く、オープン当初から大盛況でした。目の回るような忙しさの中、フェローたちもよく頑張ってくれたと思います。ただ、オープン当初の盛り上がりがいつまでも続くわけがありません。案の定、お祭りみたいな状態は数ヶ月で終息しました。売り上げも明らかに落ちていきます。勝負は、まさにそこからです。

この最初のハードルをどう乗り越えるかが、経営手腕の見せ所。目新しさがなくなった店は、その本質がお客さまからよく見えるようになります。リピーターとしてお客さまに通ってもらうために私たちに何ができるのか、考えることがまず会社としての仕事にもなります。

それは社長である私についてはもちろんですが、フェロー一人ひとりに課せられた一番大事な仕事。

気になることがあれば、それがどんなに些細なことでも話し合い、店舗間でも情報を共有することにしています。毎朝、各店舗のリーダーから売り上げについての報告を受けるのですが、その際に、ちょっとした相談事や店内での出来事について書かれていることが少なくありません。私はすべてに目を通し、必ず返信をします。

「昨日はお客さまから〝ここでランチをするのが楽しみなのよ〟という、とても嬉しいお言葉をいただきました。直接言葉をいただくと、よりいっそうやる気が起きます。また、フェローの一人から〝一人で抱え込まずに、私たちに頼って下さい！〟と、頼もしく有り難い言葉もかけてもらいました。今日も、お客さまやフェローに対する感謝を忘れず、頑張りたいと思います」

朝からこんなメールをもらうと、私の一日もとても気分よくスタートできます。だからついつい、返信にも熱がこもります。

「よかったですね。お客さまのこと、共に働く仲間のことを、心から想って仕事をしていると、良いことがたくさん起こります。それが感謝に、感動に繋がるのです。一人の意識の変化がみんなの意識改革に繋がりますから、これからもどうぞ頑張って下さい。今日も一日よろしくお願いします。気持ちのいい一日になりますように」

もちろん数字が出てくればシビアな話になりますから、このような楽しいやりとりばかりではありませんが、細かなコール&レスポンスこそが大事だと私は考えているのです。

そうやって信頼関係を築き、仲間意識を養い、そして同じ目標に向かって高め合っていくこと。それが普通にできる企業は、おそらくなかなかありません。私たちは、そんな会社を作ろうとしているのです。

仕事をする目的はひとつだけ

私の会社は、二〇一一年春に新潟・新通店、長野・川中島店、東京・府中クレッセ店を同時オープンさせ、さらに八月には群馬・前橋みなみモール店のオープンにこぎつけました。

さすがに三店舗同時オープンは、その準備が過酷を極めました。資金調達や本部との実務的なやりとりは、どんな仕事をしようともついて回るものなので物の数には入れません。何よりも大切なのは、やはり人材選び。三店舗分のフェロー候補を面接するわけですから、疲れなかったと言えば嘘になります。求める人間性のビジョンが明確にあるからこそ大変だったのです。

そうした大変な状況に陥ることは、最初から目に見えていました。けれど、わかってはいても、私はどうしてもやりたかった。目の前のチャンスをみすみす逃すなんて、経営哲学ではなく人生哲学上、私は許せないのです。

それに、私はラッキーな人間です。とても恵まれた人生を歩んできたと思っています。家事の苦手な母のもとに生まれたことも、甘えることを知らず育ったことも、まともな人間ならおそらく最も夫に選ばないだろう男性と結婚したことも、私にはかけがえのない経験。元夫などは、当然ながら恨んだこともあったけれど、今となっては神さまのように思えるほど。

それがたとえどんなにひどい出来事でも、波乱に満ちた時間でも、経験したことのひとつでも欠けていたら、おそらく今の私はないのです。

だから、きれいごとを言うつもりはありませんが、これまでの人生で関わったすべての人、物、出来事に感謝。

私は本当についている。運がある。

運というものは、向くべき人のところに向いてくるものです。だって、人のために誠心誠意尽くすのです。運が向かないはずはありません。

それに考えてもみてください、運の悪い社長になんて、誰もついて行きたくはないでしょう?

古正寺店のオープンから一年半で、五店舗まで店を増やせたのは、自分のラッキーを信じているから。そうでもなければ、こんな大博打はそうそう打てるものではありません。人間ひとりの力で成し遂げられることはそう大きくはないかもしれませんが、私には多くの人の力添えがあり、フェローたちの熱意と協力があり、そして子供たちからの応援があるのです。

その全員に恩返しするためには、会社をぐんぐん大きくしなくては。

現在、私の会社のスタッフは百人以上。フェローたちが支えている家族を併せると、社長として私が責任を負わなければいけない人数はいったいどれほどになるでしょう。

ですから、常に危機感を抱いています。

どんなに時間をかけ地道に築き上げた会社でも、崩れるときは一瞬かもしれません。極端な話ですが、社会情勢や経済状況によっては、来週潰れてしまっても不思議はありません。

そうならないために、私はいつも最悪の事態を想定しながら仕事をしています。

不測の事態が起きたとき、どう対応すれば会社を守れるか。人に話せばきっと笑われてしまうような、未曾有の事態も頭に入れているのです。逆に言えば、どんなトラブルが起こっても、それはすべて私の想定内ということ。リスクマネジメントの利点はまさにそこ。自分の思考の範囲を超えていなければ、どんな困難も必ず乗り越えられるからです。

要は、リスクマネジメントこそが私が思う社長業です。

怖いから毎日会社のためになることを考えるし、怖いから先に進むのです。攻撃は最大の防御と言いますが、一歩一歩前に進んで利益を大きくしていかなければ、頑張ってくれているフェローに還元できません。

だから、私は今日も前を向いて歩くのです。

もちろん、喧嘩を仕掛けた以上は負けるわけにはいかないし、そもそも負けるつもりはありません。

どの店舗よりもお客さまに愛される店であること、フェローが笑顔で働ける店であること、それを踏まえた上でどの店舗よりも多く売り上げること。目標は、到達するために掲げるものです。そして目標を立てたときの自分自身を次々に凌《りよう》駕《が》していくことが、私が望む生き方です。

私は会社も、この町も大きくしたい。長岡はお酒も食べ物もおいしいし、世界一の花火もある素晴らしい場所なのだから、経済だってもっと発展させられるはずなのです。

ただ、将来どんなに働く環境が変化しようとも、ひとつだけ絶対に変わらないものがあります。

それは、私が仕事をする目的。

自分だけが幸せになればいいのだったら、もっと楽な方法があるのです。だけどそうじゃない。私が一生懸命仕事をするのは、昔も今も、家族を守りたいから。

愛する家族の存在が、私が生きる理由のすべてです。

おわりに

「おもてなしの精神から感動が生まれる　最高の空間を創りたい」

これは私のスローガンのようなものでしょうか。

毛筆でさっと書いたものですが、額に入れて事務所の目につくところに立て掛けてあります。

真のおもてなしがなされる場所、そこでは誰ひとり不幸になりません。

誠心誠意、お客さまをおもてなししようとする、その心は清らかです。フェローたちはつまり最初から気分がいい。だから自然に笑顔が浮かぶ。そうして接客すると、お客さまが喜んでくれる。その様子を目にして、またフェローたちにやる気がみなぎる。その繰り返しを怠ることなく、どんどん愛される店になろうと努力しているのが、私たちのタリーズコーヒーなのです。

〝情けは人の為ならず〟という諺《ことわざ》がありますが、同様に〝おもてなしは人の為ならず〟です。人の為に何かをすれば、それはいつか必ず自分に還ってくる。心を伝えることを諦めなければ、誰かがきっと気持ちを返してくれます。

だから、私は伝え続けるのです。

時にしつこいと思われようとも、子供たちやフェローに口を酸っぱくして言い続けます。

人にやさしくすることは、あなた自身にやさしくすることなのだ、と。


こうして半生を綴ってみて、改めてわかったことがたくさんありました。

私がいかに恵まれているか。

読んでくださった方はすでにお気づきでしょうが、私には商才などないのです。

才能があるとすれば、それは自分を信じて突き進むパワーに長けていることぐらい。

でも、どんな場合もそうであるように、環境が整わなければ生まれ持った才能を発揮することはできません。

私がいかんなく根拠のない自信だけで突き進むことができたのは、子供たちがいるからです。もしも子供たちがいなければ、私はここまで仕事を頑張っては来られなかったでしょう。自分を含めた女性の潜在能力の高さに気づくこともなかったでしょう。

だから、この場を借りてありがとうを伝えたい。

すべては、慶一翔、日々愛、二人の子供の存在があってこそ。二人が私を母親にしてくれたから、私は自身の不遇だった子供時代と決別することができたし、二人が子育てをさせてくれたから、結果的に私は経営者になれたのです。

この子たちのママでいられることが、私にとっての最大の幸せです。

そして、私の大事なスタッフたちにもありがとうを。

五店舗のタリーズコーヒーで毎日笑顔で働いていてくれているフェローたちが、この会社を支えてくれているのです。

私ひとりでは成せないことも、同じ志を持つ人が集まることで、大きな結果を生み出すことができる。少しずつではありますが、私たちはそれが実現に向かっていることを実感しています。

それぞれが今よりもっと幸せに働くために、これからも力を合わせて頑張りましょう。本当に、いつもありがとう。


最後になりましたが、何より読んでくださったあなたにお礼を申し上げなければなりません。私のような若輩者の半生にお付き合いいただきましたこと、心から感謝いたします。

この本が少しでもみなさまのお役に立てれば幸いです。


また、タリーズコーヒーにお越しになる機会がありましたら、いつもよりちょっとだけ感覚を研ぎ澄ませて、フェローの笑顔を受け止めてみて下さい。

何か、あたたかいものを感じるでしょうか。
もし感じていただけたなら、それこそが私たちの〝おもてなしの心〟です。
今日もお店に、笑顔があふれますように――

二〇一一年十二月

中村仁美

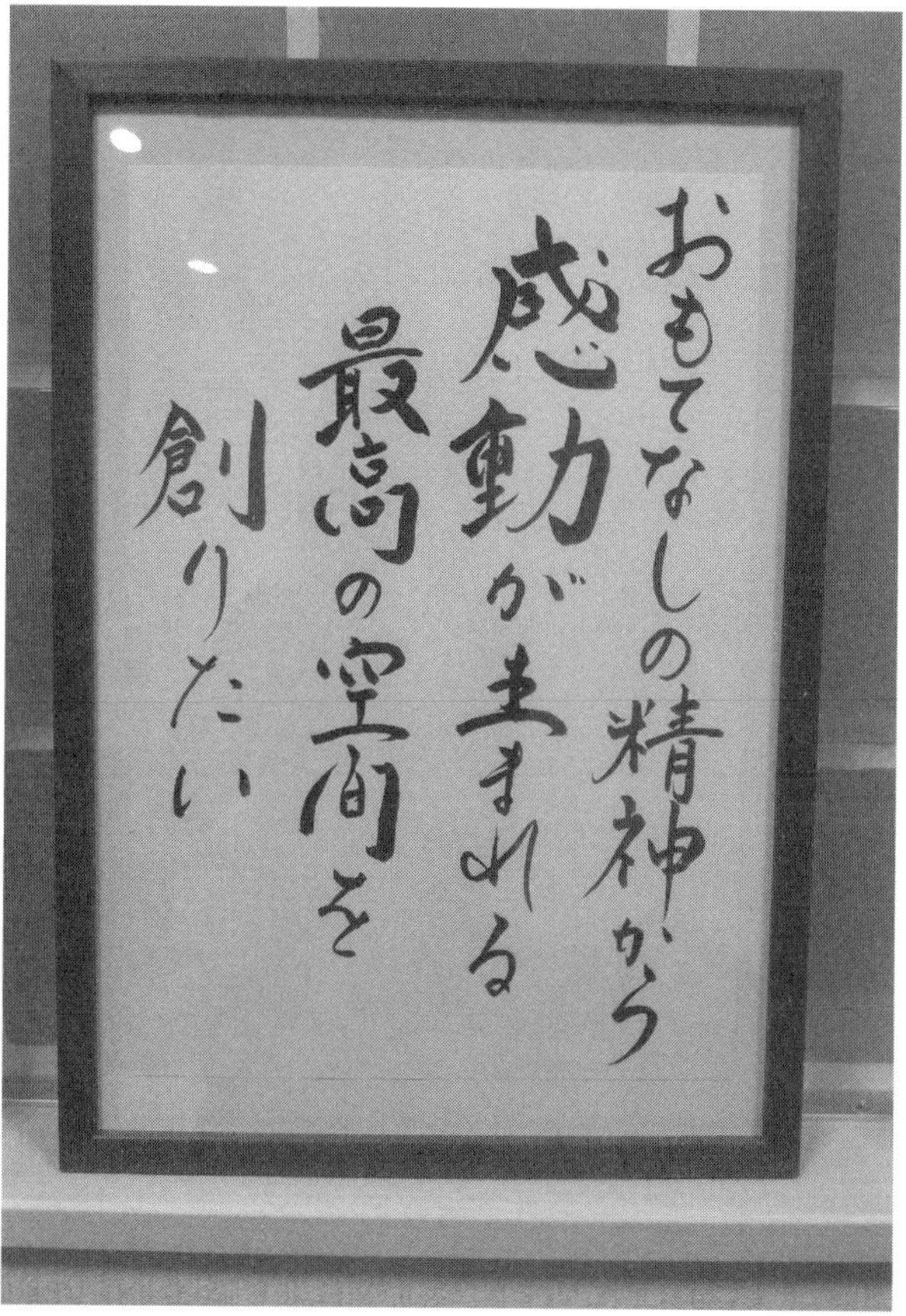
おもてなしの精神から
感動が生まれる
最高の空間を
創りたい

〈著者紹介〉
中村仁美　1977年新潟県栃尾市(現・長岡市栃尾)生まれ。帝京短期大学卒業。株式会社 メソッドカイザー代表取締役社長。27歳でジュエリー販売会社を立ち上げる。その後、コンパニオン派遣会社経営を経て、タリーズコーヒーのFCオーナーとして、5店舗を経営。蔦屋書店と提携し、本を店内に持ち込めるブック&カフェ形式も導入している。2011年8月にオープンした前橋みなみモール店は、タリーズコーヒーの中でも最大規模を誇る。一男一女の母として、働くシングルマザーでもある。

私が泣かない理由
シングルマザー経営者の幸せの作り方
2011年12月25日　第1刷発行

GENTOSHA

著　者　中村仁美
発行者　見城 徹

発行所　株式会社 幻冬舎
〒151-0051 東京都渋谷区千駄ヶ谷4-9-7

電話:03(5411)6211(編集)
03(5411)6222(営業)
振替:00120-8-767643
印刷・製本所:株式会社 光邦

検印廃止

Printed in Japan
ISBN978-4-344-02115-0 C0095
幻冬舎ホームページアドレス　http://www.gentosha.co.jp/

この本に関するご意見・ご感想をメールでお寄せいただく場合は、
comment@gentosha.co.jpまで。